はじめに

わが子が生まれたとき、お母さんお父さんは、まずなにより無事で生まれてきてくれたことに安堵し、「それだけで十分」と喜び合われたのではないでしょうか。

でも3カ月、1年、2年とたっていくうち、それだけではすまなくなってきます。誕生直後の「健康ならそれでいい」という思いから、「将来は経済的にも恵まれた生活をしてほしい」「大きくなってから勉強で苦労してほしくない」など、さまざまな期待や不安がふくらみはじめます。

その結果、「どうせなら早めに準備を」ということなり、生後数カ月から早期教育のようなものやお稽古事をはじめるご家庭もあります。多くのお母さんたちは、「早くから準備しておけば、あとあと受験でたいへんな思いをしたり、就職で苦労したりすることも減るだろうし、将来の可能性が広がるはず」と考えます。

たしかに、受験にも就職にも準備は必要です。
ただ、なにを準備するのかということについて誤解している場合、あるいは準備のつもりが逆効果になってしまう場合もたくさんあるのです。

私は、中学受験対策を行う塾の講師として、またその後は家庭教師として、長年多くの小学生の指導に携わっています。直接の指導に加え、著書でも、中学受験を目指す親御さん、お子さんにアドバイスをしてきました。

ただ、そうした指導やアドバイスを続けているなかで、「このアドバイスは5年前にしてあげたかった」「3年前にここに気づいてくれていたら……」ということがたくさんあるのです。

私が直接指導する子供たちの多くは小学校中学年〜高学年で、本を書くときも、やはり中学受験が近づいた小4〜小6の子供がいる親御さんを対象とすることが多くなってしまいます。すると、どうしても「今すぐ知っておくべきこと」「即効性のあるノウハウ」を求められることが圧倒的に多いのです。「すぐに算数の成績が上がる方法は?」「A校の国語必勝対策を教えてほしい」「なにがなんでもB校に入りたいから偏差値を10上げて」など、非常に切羽詰まった状態になっています。

もちろん、どんな状態でもなんらかの手を打つことはできますし、とりあえず目先の成績を上げたり、偏差値を上げたりすることは可能です。

しかし、そうはいっても「うーん、今それを頼まれても……」「もう少し早い時期にこれをやっておいてくれれば」と思うことが増えてきているように思うのです。

それらは、いわゆる「お勉強」とは直接関係のないことばかり。たとえば、「もっとお母さんと買い物に行ったりしておけばよかったのに」「家族で遊びに行って楽しむ機会を増やせばよかったのに」「こんなおもちゃで、たくさん遊んでおけばよかったのに」「もっと友達とケンカすればよかったのに」。そんなことばかりなのです。

「もっと早くから塾に行かせるべきだった」などということはありません。

むしろ、「そんなに早くから塾に行かせなければよかったのに」ということのほうがずっと多いのです。

つまり、中学受験をするしないにかかわらず、子供が将来成長するために必要な力を育てる時期になにかの間違いや勘違いがあると、たいへん大事なところが抜け落ちてしまうことがあるのです。

早い時期から中学受験を目指して準備をはじめているつもりでも、あるいは早く準備をしているからこそ、この落とし穴にはまってしまっていることがあります。結果として、それが小学校高学年での「成績の伸び悩み」につながっていることも多々あるのです。「中学受験で失敗しないために1日でも早い準備を」という思いで与えた環境が、かえって子供に悪影響を与えるという皮肉な結果です。

中学受験というのは、これまでの本にも書いたとおり、かなり特殊な状況における特殊なイベントです。現在の日本では、小学校の成績がすべて満点でも塾で高度な考え方やテクニックを学ばなければ難関校にはまず合格できません。そして、正しく受験勉強をしていれば、中学受験で得た考え方や知識が中学以降の学習に大いに役立ちますが、その場しのぎの学習で中学に進学すれば、間違った成功体験に引きずられることになります。

高学年の数年間、子供も親もかなりの無理をしながら、時間もお金も体力も使って努力を続ける特殊な時期です。首都圏、大都市圏に限られた状況でもあり、経済的にある程度恵まれた人のもの、ともいえるでしょう。

中学受験にチャレンジしなくても、その後の成長に悪影響があるというわけではありません。また、がんばって難関中学に入ったからといって、その後の「人生の成功」が保証されるものでもない。

ただ合否に関係なく、挑戦した体験で得るものはたくさんあります。その後の人生で、勉強で得た知識以上に必要になる分析能力、理解力、スケジュール管理能力、チェック能力、集中力、説明、プレゼン能力など、さまざまなものを手にすることができるのです。**たとえ志望校に不合格になっても、親子でこの時期を体験することは、本人にも家族にもその後の大きな糧になります。**

しかし、この受験勉強に突入する前に「土台」ができていなかったり地盤がゆるかったりすると、中学受験をしてもしなくても必ず破綻が訪れます。そのタイミングは中学校の授業かもしれないし、高校受験、大学受験かもしれません。さらにいえば、社会人になってから、その土台のもろさに起因する問題に気づくかもしれません。

実は、家庭教師として多くのご家庭を訪問しているなかで、一番気になっていながら、その場ではアドバイスをしにくいのがお母さんとお子さんの関係。とりわけ幼児期から小学校低学年のすごし方に関することです。

来年は中学受験という時期に、「これは幼児期にやっておいたほうがよかった」などと言い出しても仕方ないことですから、当面の対策だけになってしまいます。けれど、心の中では「もっと早くアドバイスをしてあげられていれば」と残念な気持ちになります。

こうした経験から、この本では日常生活でお母さんが幼児期〜小学生低学年のお子さんとできること、家族でちょっと心がけてほしいことについて書いていきます。こればかりは、塾の講師や家庭教師が代わりにやることはできません。中学受験に必要な勉強のテクニックは専門家が指導するのが一番で、実は親が教えないほうがいいといえるのですが、それ以前に必要なことは家庭でしか教えられません。

家庭で家族に愛され、いきいきと楽しく暮らし、日常生活のなかで生きるために必要な知恵を学び、好奇心の芽を育て、その年齢に最もふさわしい体験を積み重ねることで、子供はどんどん成長します。同時に、親もまた子供とともに成長するのです。

親と子が心から信頼できる絆を深めるなかでの体験や、そこで得た知識、知恵、記憶は一生の財産になります。生きた血肉となって、勉強を意識する以前の土台をつくります。その土台があれば、お子さんは困難にあっても力強く成長していけるでしょう。

中学受験をしなくても、高校受験や大学受験などを乗り越えていく力を持つようになります。中学受験に挑戦する場合なら、最大にして必須の武器になるはずです。

親と子が心を通わせ、時間をともにすごすのは人生のごく限られた時期だけです。「学校」「勉強」「成績」「受験」といった言葉に過敏に反応する前に、幼い時期の子供とすごす時間をどう使うか、それが子供の本質的な力にどんな影響を与えるのか、そうしたことを意識してみてください。

家族と楽しく明るい日々を送っている子供は、私が家庭教師に行ったときも笑顔が多く、テストの点が悪くて落ち込んでいてもすぐ立ち直ります。そういう子供のお母さんは、子供と同じように常に笑顔が多くほがらかで、子供と一緒に自分も勉強することを楽しんでさえいる。こうした関係が築けている家庭の子供は、驚くほど成績も伸びます。

この本を読んでいただくときも、「子供のためにこれをしなければ」「子供のためにこれをしてはいけない」などと考えすぎないようにしてください。シンプルに「家族で一緒に楽しく、元気に笑って暮らそう」「一緒にいろんな経験を積もう」と考えてほしい。それが一番大切な土台の、そのまた土台です。


この本の第一の目的はお子さんの「受験合格」「成績アップ」ですが、究極的な目標は、子供たちとお母さん、お父さんに、本当にいい関係を築いてもらうことです。

お受験や中学受験をしなくても、子供たちはやがて世界を相手にした厳しい競争社会を生き抜かなくてはなりません。そんな時代だからこそ家族が果たす役割、そしてそこで育まれる子供自身の生きる力の重要性は、ますます大きくなっています。しかし、そのつながりが希薄になりつつあるのもまた現実です。

けれど、**子供たちはいつの時代も、どんなことよりお母さん、お父さん、家族の笑顔とやさしい言葉を一番ほしがっています。**中学受験真っ最中の子供たちが偏差値を上げたいと思うのも、順位、点数で少しでも上に行きたがるのも、お母さんとお父さんに笑ってほしい、認めてほしい、ほめてほしい、一緒に喜んでほしい、という動機の延長です。どんなレベルの中学を目指す場合でも、それはまったく変わらないのです。そのことを、忘れないであげてください。

この本のアドバイスが少しでも、読者の方の心に届き、家族みんなの明るい暮らしの一助になれば幸いです。そして、その楽しい生活こそが、子供の将来の勉強や受験などの力にもなることを信じています。

西村則康

［中学受験］やってはいけない小3までの親の習慣――もくじ

1章

子供を「勉強嫌い」にさせる親、「勉強好き」にさせる親

2章

合格に必要な〝学力のベース〟は低学年までにつくる

おすすめゲーム　63

3章

大きく後伸びする子の「塾」と「習い事」

4
章

「はじめての勉強」がその後の成績を左右する

5章

この「読書習慣」がすべての教科を伸ばしてくれる

装丁　小口翔平（tobufune）
カバーイラスト　加納徳博
構成　小幡恵
制作協力　加藤彩
本文DTP　センターメディア

1章

子供を「勉強嫌い」にさせる親、「勉強好き」にさせる親

普通の子供に早期英才教育はかえって害になる

「子供のため」の早期英才教育のなかには、子供のためにならないものが少なからずあります。全部が全部害になるとは言い切れませんが、時間の無駄、あるいはいろいろな視点から**将来に悪影響を与えるものがあるといわざるを得ません。**

世の中には、実にさまざまな「早期教育」「英才教育」のプログラム、教室が存在します。たとえば文字、数に関するものから、英語、音楽、スポーツなど分野はさまざま。たしかに、ある種のスポーツや楽器など、早くはじめたほうがプレイヤーとしては有利になるケースがあるのも事実です。こういったいわゆる〝芸事〟は、子供に無理強いをしているのでなければ、むしろ早く始めてほしいと思います。

また、生まれつき非常に高い能力を持つ子供（いわゆる天才児）に特別な教育を行い、さらにその能力を伸ばすというプログラムや、スポーツ・芸術、学業で特に秀でた成績を残した子供に専門教育の場を与えてチャンスを広げようとするシステムもあります。

それらすべてを否定しているわけではありません。

私が弊害があるのではないかと感じているのは、「勉強」に関するものです。ごく通常と思われる能力の子供を持った多くの親御さんが、ほかの子供より早くはじめておけばあとで楽なのではないか、学校の成績も上がるのではないか、受験にも有利だろうと想像し、子供をこうした早期教育の教室に参加させるタイプのものです。

子供の脳は、小さいときほど吸収力も順応性も高いといわれています。ならば、通常よりずっと早い段階でさまざまな刺激を与えれば「優秀な脳」になるのではないか。そして「神童」といわれるくらい勉強ができるようになり、受験なんかラクラク突破するのではないか。このように考えるわけです。

たしかに、子供の脳が柔軟で順応性も吸収力も高いのは事実です。

実際、教え方を工夫すれば小学校1年生、2年生で教える内容を就学前の子供に教えることも不可能ではありません。就学前に文字の読み書きができる子供は珍しくありませんし、足し算や引き算ができる、すでに九九がいえる、ということもよくあります。

乳児・幼児向け早期教育でよく行われる、高速でカードを見せて答えさせる教育や速読の「成果」は、ある意味で顕著です。たとえば世界の国旗のイラストなどを描いた数十枚のカードをものすごいスピードで次々にめくりながら子供に見せ、同時に国名を読み上げていき、それを繰り返すうちに全部覚えてしまうというもの。乳幼児が早く言葉を覚える、記憶力がよくなる、脳全体の機能がアップするなどなど、効果とされる謳い文句はさまざまです。実際、やっとしゃべれるかどうかの幼児でも、練習を繰り返しているうちに大人でも知らないような国旗を見せると国名をいえるようになります。

ただし、それで**「頭がよくなった」「能力が上がった」といえるかどうかは、まったくの別問題**です。カードを全部覚えたという子供はたくさんいますが、その後一般的な記憶力が上がったか、学習能力にいい影響が出たかということについて、はっきりした証明はできていないようです。

むしろ子供の集中力が散漫になった、衝動性が高くなり、自己制御力が下がる傾向があるなどの調査結果が多数報告されているようです。

◎早期教育をやるなら慎重に！
◎頭のよさを決めるのは「スピード」だけではありません

子供はより強い刺激を求める

私自身がカードめくりや速読の効果を大量のサンプルで研究したわけではないので断言はしかねますが、いい影響はたしかにあるものの、悪影響も間違いなくあるという印象を強く持っています。

私が訪問するのは、おもに中学受験を目標にする子供がいるご家庭です。教育熱心で早期教育にも関心を持ち、それをやらせている、あるいは幼児期にやらせた経験がある、というケースは少なくありません。

こうした子供たちの多くに「カンはいいけど、落ち着いて考えられない」というケースがしばしば見られます。つまり、問題をひと目見て「あっ、これはこうやればいい」とすぐに解こうとする。それで解けるうちはいいのですが、問題の難易度が上がってくると、カンでは解けません。**自分で試行錯誤を繰り返して解法を模索し、解答に行き着くことが大切**になります。

集中力や持久力、柔軟性、応用力といったものが求められるようになったとき、早期英才教育できたえる「高速」「反復」「反射」という回路は役に立ちません。むしろ、回路がそちらに行こうとするクセがついていると、子供の成長にとって、またこれからの学習にとって大切な、知的好奇心や探究心を阻害してしまうように思えます。好奇心を持って探求し、それが本当に「理解できた」とわかったときの喜びは、継続的に学習を続け、内容を深め、高めていくうえで必須のものです。「わかったときの喜び」を知らないと、勉強はただただ苦痛なものになってしまうのです。

これは暗記とか反射といった力とは別種のものです。

子供の反射能力は鍛えればそれだけ高くなりますが、それによって脳の眠っていた部分が開発されて頭がよくなるでしょうか？　このことについて、私は否定的です。

高速訓練を少しやったからといって、それがすぐ悪影響につながるということはないと思いますし、同時にほかの多彩な経験を日常的にしていれば問題はないかもしれません。しかし、幼いころからすごいスピードで変わる絵や文字、言葉を過剰に経験していると、もっとのんびり楽しむもの、ゆっくり味わうもの、じっくり考えることを楽しむ機会が、日常生活から減ってしまいます。

人間の脳は次第に刺激に慣れていきます。ゲームがその典型で、もっと速いもの、もっと難しいものを求めます。「自然のなかで遊んでほしい」と親が山に連れていっても、早々に電車でゲームをはじめ、山に着いてもゲームを続ける。電車や自然より「ゲーム」のほうが、瞬間的な視覚的刺激、聴覚的刺激が強いからです。

人間の脳は、一時に大量の情報を取り込むことはできません。テレビや映画の画面でも、人間は音に集中していれば画面をよく見ていないし、主人公の顔に集中していれば背景などは覚えていないことが多いものです。人間は「見たいもの」「必要なもの」を無意識のうちに取捨選択しています。

しかし、乳幼児にその選択はできません。もともと、乳児期の子供は視力、色の識別力が低く、一度に多くの視覚的情報、聴覚的情報を同時に与えても認識しないと考えられています。そこに高速で大量の情報をそそぎ込む訓練をするのは、仮になんらかの効果があったとしても、私はおすすめできません。

そんなことより、もっと親子にとって楽しく、充実した時間があるはずだからです。

親は子供を喜ばせたい、楽しませたいとあれこれ新しいものを与えたくなりますが、ただ刺激の大きいものを見せる、聞かせることに一生懸命になると、子供はどんどん刺激に慣れていきます。お母さん、お父さんは、「もっとハデなもの」「もっと音や光が出て楽しそうなもの」と刺激を求めがちですが、そうした気持ちに流されないでください。

「子供が生まれたら必ず開成に入れようと思っていた」というお母さん、お父さんに出会うことがあります。それがご両親にとっての夢であり目標なのです。子供が開成に入って東大に入学したら、親はどんなに誇らしいだろうとあれこれ妄想し、そのためなら「なんでもしてあげよう」「どんなにお金がかかってもいい」と夢見心地で決意してしまう。

そこまでではなくとも、幼稚園入学前から、すでに中学入試についてあれこれ資料を調べている方は珍しくありません。

そうしたお母さんを見るたびに思うのは、**子供のことを本当に思うのなら、子供の自然な成長に合わせたことを十分にしてあげてほしい**、ということです。

あとでお話ししますが、成長に合わない無理な訓練や、本来経験すべきことが必要な時期にそれが抜けていると、低学年のうちは順調でも小学校3年、4年生で、「あれ、おかしいな」ということがよく出てきます。これが「9歳の壁」と呼ばれるものです。

特に小学校低学年までは、「受験のときに有利になるから」といったことを考える必要はありません。子供が人間として、社会人としてどんなシチュエーションでも健全に生きていくための力をつけていく時期なのだ、と考えてください。それを家族で支え、なにより愛情をそそぎ、間近でふれあうことが大切な時期なのです。

◎暗記や反射の訓練だけでなく、多彩な日常経験を親子で楽しく！

自然な成長に合わせた遊びが子供を伸ばす

子供にとって、「遊び」は生活の一部です。まず遊びを軸とした子供の成長段階を、順を追って見てみましょう。月齢、年齢は個人差が大きいので参考程度のものです。この年齢より遅れているからといって、「将来勉強が苦手になるのでは」などと考える必要はまったくありませんし、そうした根拠もありません。

【0～11カ月ごろ】

いないいないばあっ、たかいたかい、など親に体に触れてもらうこと、動かしてもらうこと、はっきりとした動きを目で追うことなどを楽しめるようになります。

【1歳～1歳半】

そろそろ一人歩きをはじめる時期で、子供によってはまだハイハイやつたい歩きをするころ。このころの赤ちゃんの遊びは、おもに体を使ったものです。やわらかいボールを投げたりものを運んだり、自分で転がったりして遊びます。ママのものまねをしたがり、また、声をかけたり指差したりして、周囲の人とも遊ぼうという意欲を示します。記憶力はまだ発達しておらず、一度は理解したこともすぐに忘れてしまいます。

【1歳半〜2歳】

歩くどころか走りはじめる子供もいて、だんだん体をうまく使えるようになる時期です。おもちゃのクルマ、三輪車に乗ることを楽しめるようになります。個人差は大きいですが、「これ、なに?」「ママ、だっこ」「ワンワン、かわいい」などのいわゆる「二語文」が話せるようになっていきます。それまでの「ものまね」から、ままごとなどの「ごっこ遊び」(象徴遊び)ができるようになります。人形をママとパパと自分に見立てて食事ごっこをする、家族の似顔絵を描く、といった「象徴化」ができるようになっていく時期です。積み木なども少しずつ楽しめるようになります。

【2歳～3歳】

記憶力がかなり発達してきて、一度理解して覚えたことを長く記憶にとどめておけるようになります。友達と遊ぶことができるようになり、同時にひとりで遊ぶことも楽しむようになります。動物などに触れてその触覚を楽しんだり、驚いたりすることも。

【3歳～4歳】（幼稚園年少）

自分の年齢、色の名前などもいえるようになり、ほかの子供と会話ができるようになってきます。大小、長短、色の違いなどが認識できるようになる時期です。家や乗り物など、見たものを積み木やブロックで再現することもできるようになります。見たことがある花、虫、動物など視覚から入る知識、自動車の音や動物の鳴き声など聴覚から入る知識も記憶にとどまって蓄積されていきます。

【4歳～5歳】（幼稚園年中）

どんどんおしゃべりが増えていきますが、現在と過去がまだ混在している時期。「なぜ」

「どうして」が多くなり、比較的長い話を聞くこともできるようになってきます。また、単純なルールのある遊びも少しずつできるようになるでしょう。たとえば、リンゴを3つ見せ、「3つ！」と数を答えるような簡単なゲームもできます。身体機能はどんどん発達し、ジャンプ、片足跳びなど、体重移動やバランス感覚が必要な動作もできるようになります。

【5歳～6歳】（幼稚園年長）

「お母さんが喜んでいる」「友達が悔しがっている」など喜びや悲しみ、悔しさといった感情を相手から読み取ることができるようになります。また、「これができたから、これがほしい」など、「ごほうび」をほしがるようになります。ミュージカル、美術鑑賞なども、少しずつ楽しめるようになる年齢。また、字を書くことにも興味を持つ時期です。

【6～7歳】（小学校1年）

数は10くらいまで数えることができ、小学校で文字の学習もはじまります。授業中に一定時間集中すること、おしゃべりをしないなどのルールも守れるようになります。友達同士の社会で生きるようになり、グループのリーダーになる子供も出てきます。

【7～8歳】（小学校2年）

仲間意識などが芽生え、複雑なごっこ遊びやかなり高度なルールのある遊びも楽しむようになります。家や学校だけではなく、友人同士近所で遊ぶようになっていく時期です。

【8～9歳】（小学校3年）

本格的な「友達づきあい」がはじまります。同じものを好む者同士で仲良くなり、仲間で楽しもうとするようになっていきます。

◎「遊び」を軸として子供の成長を見守ります
◎個人差が大きいので、おおらかに考えましょう

幼児期の五感を使った遊びが学力の基礎になる

個人差はありますが、最もいいのはそれぞれの時期に一番ふさわしいものを与えるということです。月齢や年齢で判断するより、子供の様子をよく見て、興味を示すもの、反応を示すものを観察しながら与えてあげるといいでしょう。

1〜2歳では、いろいろなことを教え込んでもまだ記憶には残りませんから、体を使った遊びを一緒に楽しむことや、声をかけたり、笑ったりふれあうことが一番大事です。まだ機能遊びの初期の段階なので、積み木を積んで家をつくることなどはできません。

1歳半〜2歳になると、お絵かきにも興味を示します。必ずしも「そっくり」につくろうとするわけではなく、非常に自由な発想で「象徴化」を行います。似せて描かせようとするより、さまざまなものを自由につくらせてあげてください。

部屋や服の汚れを気にせずおもいっきり絵を描かせてやりたい、という意図から美術教室などに通わせたいというお母さんもいますが、家の壁に落書きＯＫの大きな模造紙を貼ったり、どんどん惜しげもなく使える自由帳を使わせたりする、といった工夫で十分です。大切なのは、描いたものを親がちゃんと見てほめてあげること、楽しそうなら「もっと描いて」とうながすといった親子のコミュニケーションです。

記憶力も発達してくる2歳以降は、無理にものの名前を覚えさせようとするのではなく、室内だけでなく屋外の公園の植物、動物などに実際に触れる機会を増やしてください。親子のふれあいが密になるうえ、視覚や聴覚、触覚、嗅覚も記憶に残ります。こども動物園などで小動物に実際に触れ、毛皮の手触り、匂いなどを体験するのも大切な経験です。

3歳になると、かなり「いっぱし」の小さな大人にも見えてきます。他の子供と会話したり、堂々と自分の年齢をいったりする様子は頼もしいものです。積み木もだいぶ進化してきて、実際に見たものをなるべく似た形で再現しようとする「構造遊び」が本格化します。クルマや船、飛行機などの乗り物などを、「ほんものっぽく再現しよう」とするわけです。まだこの時期は説明書どおりに完成させるのではなく、基本的な形の積み木やブロックを好きなように選び、好きなものをつくる遊び方が一番ふさわしいでしょう。

4歳ごろになると身体能力が向上してくるので、積極的に体を動かす遊びをとりいれるといいと思います。ごく簡単なルールも理解しますから、「手を叩いたらジャンプを2回！」「けんけんでここまで来られたら成功！」など、うんと簡単なゲーム的なもので一緒に遊んでもいいですね。お父さんが休みの日などに、室内でマットレス、クッション、シーツなどを使って体遊びを一緒にするのもいいです。

5歳以降になると、いわゆる「情操教育」といわれるものも有効でしょう。ミュージカル、美術鑑賞、音楽鑑賞などは何歳からでも問題ありませんが、現実的には会場で一定時間静かにしていられないと難しいでしょう。5歳になればそれがある程度は可能になり、またこうしたものを子供なりに理解することが可能になってきます。ミュージカルなどを楽しむには、喜び、悲しみ、怒り、悔しさ、といった人間の感情を理解し、他者のそれを読み取る感覚が必要だからです。

それなしに見ると、どんなに素晴らしい物語でも、衣装や照明、音などによる演出の刺激しか残らない、ということになります。

◎見る・聞く・触れることで養われる身体感覚が、将来の学習における納得感のもとになります

「子供の成績」より「子供自身」を見よう

小学校に入学する6歳という年齢は、子供にとっても親にとっても大きな節目です。家庭、お母さん、お父さん、少しだけ幼稚園、という時代から、「学校」という社会が子供にとってたいへん大きな比重を占めるようになります。親も、「学校でうまくやっていってほしい」と気をもむ時期になります。

この時期、お母さんはあまり習い事などをつめ込まず、じっくり子供に向き合い、家庭学習にもきちんとつきあってあげてください。どんな子供も、この時期に勉強がイヤだとか、苦手だという意識は持っていません。くれぐれもここで子供とお友だちの成績を比較

したり、「〇〇ちゃんはもう塾に通っている」などといったりしないことです。

もし、ご両親がすでに中学受験を考えていたとしても、それを子供に刷り込もうとしないでください。**小学校1年生のときにすべきことは、中学受験をする、しないにかかわらずまったく同じです。**まず小学校という初めての社会で社会性を身につけること、他者との関わりやルールを知ること、生活習慣を身につけること、これが学習の基盤になります。

この時期から、学校で習うことと、これまで経験していた出来事が連動するようになっていきます。国語で習った漢字が看板や新聞の見出しにある、またはいつも食べている野菜が教科書に載っている、おじいちゃんが住んでいる場所が教科書に書いてあった、家庭内でお手伝いをして感謝された、といった経験です。そのような生活におけるあらゆる体験が学習に生きてくるわけです。

2年生から3年生の時期も、今お話ししたことの延長線上にあります。子供たちの社会のなかでグループやリーダーが生まれ、勉強のできる子、苦手な子というのも子供自身が意識するようになってきます。1年生のときは意識しなかったような、社会のなかでの立ち位置をいやおうなしに自覚しはじめるころでもあります。それは、子供にとって初めての経験です。

これを自然に乗り越えるのに必要なのが家庭の力です。テストの答えを間違えたとか、なにかのグループのリーダーになれなかった、などということで子供を叱ったりしないようにしましょう。ほかの子供と比較して「もっとがんばらないとダメだ」「そんなことでは将来○○中学に入れない」などと、学習面だけからの評価をしないでください。お友達が増えた、会話がスムーズになったというような、社会性の発達も見てあげましょう。

まずはありのままの子供を丸ごと認めて、そのうえでアドバイスをしたり、環境を用意してあげたりするのです。

◎小学校入学後は、子供の家庭学習にじっくりつき合います
◎学習面だけでなく社会面の発達も観察しましょう

子供には「9歳の壁」がある！

これは長年の指導経験からわかったことですが、多くの子供たちは「9歳」で壁にぶつかります。その壁はどんな子供も通過すべきものですが、現れ方はさまざま。典型的な例は、それまでは勉強がよくできる子だったのに、なぜかそこから伸び悩むのです。国語の問題が解けない、算数の文章題がまったくできない、やがて社会も理科も苦手になる……というパターンです。

小学校4年生（9歳前後）という時期に、子供は自分を客観視できる能力を獲得します。簡単に説明すると、自分の行動や考え方を自分自身で客観的に見る能力を初めて身につけます。たとえば、少し難しい問題を解こうとしてなかなか解けないとき、「なんでこの方法で解くことを選んだのだろう」とか、「なぜ自分のやり方が正しいと感じているのだろう」と立ち止まる。こういったことができるようになります。

自己と他者を区別する認識のうえに、自己をも他者的に扱って見つめる（自分を客観視する）視点といっていいでしょう。

このように自分を客観視する能力を持っていないと、社会に出てからもなかなかうまくいかないようです。通常は9歳前後で育っているはずのものですが、それまでの環境などによって、ここが抜け落ちてしまっている場合があります。私は特にこの年代の子供たちや親御さんに接する機会が多いため、このことを実感するのです。

学力につまずきが出る場合、その多くが自分を客観視する能力を欠いていることが原因です。なぜそうなるかは、結局は小学校低学年までにどんな体験をしてきたか、家族や周囲とどうかかわってきたか、ということに鍵があります。

ここまで、小学校3年生までのおおまかな成長過程と、その時期ごとにしておくべきことを簡単にまとめました。9歳の壁を乗り越えられない子供たちのほとんどは、どこかの段階で不自然な形の早期教育をしていたり、過剰なお稽古事三昧の生活だったり、それに伴う一般的な日常体験が不足しているのです。

身近な話では、算数の問題で「買い物での割引」についての問題が出ても、「割引」とか「セール」についてまったく知らなかったり、理科で「比重」の問題が出ても、同じ体積でも重いものと軽いものがある、ということを身体感覚としてまったく持っていなかったりするのです。

◎他人と比べたり、自分を振り返ることができるようになるこの時期、一時的に自己肯定感が下がることを知っておきましょう

「もうひとりの自分」が難問を解くのに役立つ

幼少時に日常的な生活体験のなかで本来得られるはずの身体感覚が抜け落ちてしまうのは、結局その時期の過ごし方、親との関わり方になにか欠けていたものがあるということだと思います。その結果として、「自分自身を客観視する」という力が育ちにくいので

しょう。

自らを客観視するというのは、他人と点数などを比較して「自分のほうが上」とか、「負けた」と認めることとはまったく違います。今自分がしている「思考」や「行動」を俯瞰して見るという意味です。

小学校の高学年にさしかかると学習内容は急に高度になり、問題も難しくなってきます。そのとき必要なのは、**機械的な処理だけでなく、試行錯誤する思考力**です。

たとえば「この問題、難しいなあ。もしかするとこの解法は間違っているのかもしれない。前回の問題はこれで解けたから正しいと思っていたけど、それは僕のカン違いかも。まったく別の種類の問題だとしたら、これにこだわらないで別の方法を考えたほうがいいかな。そういえば、この前あの先生がいってた方法が使えるかもしれない」

問題を解くには、このように自問自答しながら試行錯誤を繰り返す必要が出てきます。これを行うには、自分自身を客観的に見る力が育っていることが必須です。

このような力は、子供の発達時期に応じた環境を与え、接していくことによって培われていきます。最初は親との人間関係、少し広がった友達の世界、そして小学校という社会、さらにそのなかでも親しいグループとのつきあいがあり、そこで得た知識、知恵があってこそ育つものなのです。

最初は積み木を持ち上げるだけで遊ぶ、次はクルマに見立てる、やがて怪獣みたいなものをつくるという経験をして、友達と一緒に遊ぶ、同じものをつくって楽しむ、年上の子のつくったものを見る、年上の子がいったことを記憶する――。こうした積み上げによって、子供の頭のなかでは自分をきちんと見つめる「もうひとりの自分」が育つのです。

小学校中学年になったら、ときどき「どうしてそう思ったの?」「なぜその方法がいいと思った?」と、子供自身が自分の考えを見直すよう促すのもいいでしょう。これは、「間違った理由を自分で考えて反省しなさい」という意味ではありません。逆に、「なぜすぐに解けたのか」を考えさせるためです。そのうえで、「すごいね!」「えらいね!」をつけ加えればより効果的です。「どうしてそう思ったの?　すごいね!」「なぜその方法がいいと思ったの?　えらいね!」という具合です。こうした声かけが、この時期に失われがちな自己肯定感を回復させ、「僕は考えることができる子だ」「私はがんばれる子だ」という自信を育んでくれます。

その自信が、難問への挑戦意欲につながります。

中学受験の勉強では、大人でも解けないような問題が、これでもかこれでもかと出題されます。

こうした問題に取り組むときに活躍するのが、「自分のなかのもうひとりの自分」です。教わった方法で解こうとする自分がいて、いつになっても解けない、式ばかり増えていって数字はどんどん複雑になっている。このようなとき、「そんな面倒な方法じゃいつまでやっても終わらない」「ほかの方法に切り替えた方がいい」といってくれる、もうひとりの自分が必要なのです。そうでないと、塾で習った方法、家庭教師の先生に習った方法を自分の引き出しから出してくることができません。最初にたまたま思いついた方法、あるいは自己流の解き方にこだわったまま、それが行き詰まっても状況を打開できなくなってしまいます。最初に開けた自分の引き出しを別の自分が疑うことで、次の引き出しを開けることができるのです。

この力は中学受験の勉強だけでなく、中学生以降も社会人になってからも必要なものです。だからこそ、小学校低学年までにしっかりと育んであげてほしいのです。

◎「どうしてそう思ったの？　すごいね！」など、〝自分を励ましてくれるもう一人の自分〟をつくる声がけをしましょう

子供は「勉強」と思ったらどんなものでも嫌いになる

「すすんで勉強する、勉強好きな子に育ってほしい」

どんな親でもこのように願うでしょうが、これが本当に難しい。

本来、子供は勉強が好きなもの。新しいことを知り、学ぶのが好きなのです。しかし、**ひとたび勉強と意識したとたん、多くの子供が「嫌い」と言い出します。**それでも、その半数くらいは「好きではないけど、しょうがないからやろう」と宿題に取り組みます。ところが残りの子供は、なかなかやらない。「やりなさい」といわれればいわれるほどやら

なくなる。多くのお母さんがこれに困っています。

「筋金入りの勉強嫌い」の子供を見ていると、その多くがかなり小さいときから勉強をさせられています。幼児期から塾に通い、家庭では母親がつきっきりで勉強を教え、おもちゃも本も「これは勉強の役に立つから」と与えられ、遊び方を指導される……。

親にしてみれば真剣に子供のためを思っての行動なのですが、子供はそれが強制されていると感じたら、どんなことであれすべて嫌いになります。真面目でおとなしい子は逆らわずにこなしていきますが、心の奥では楽しめていないのです。それが小学校2年、3年ではっきり表に出てきます。


だから、本心では「勉強ができるようになってくれれば」と思っていたとしても、幼児期～小学校低学年のうちはそれを子供に押しつけないようにしてください。〝あとで勉強の役に立つ〟という気持ちをいったん心の奥にしまい込み、多くの日常的な体験、楽しみを与え、好奇心や探究心を満たし、心を育ててあげてほしいのです。

子供と遊ぶとき、本を読むときなどは「受験」や「成績」ということは忘れ、目の前の子供と一緒に楽しみ、楽しんでいる自分の表情を子供に見せるのが一番大切です。

家でお母さんに宿題を見てもらうのがイヤだ、戻ってきた答案を見せるのがイヤだ、家で勉強するのがイヤだと感じるようになり、学校のほうが楽しい、塾にいたほうがマシだと感じて、家に帰るなり不機嫌になってしまう。そんな子供もめずらしくありません。もちろん、典型的な勉強嫌いになっていることがほとんどです。

これを直していくには、まずお母さん自身の意識を変えること。**親の意識が変わると、子供は必ず変わります。**

子供のことを考えるなら、欠点も含めて丸ごと認めてあげて、結果が出なくてもがんばりを認めて、ほめてあげてください。子供は小学校6年になっても、お母さんに笑ってもらいたい、ほめてもらいたいと願っているものなのですから。

◎子供と遊んだり本を読むときは親も一緒に楽しむ。
その姿勢が、勉強好きの子を育てます

2章

合格に必要な〝学力のベース〟は低学年までにつくる

「話し方」でわかる本当の賢さ

小学校1年生になったばかりでも、少し話しただけで「とても利発な子だな」「賢い子だな」と感じることがあります。

まだ学校の成績で大きな差が出るような時期ではありません。それでも、「この子は優秀だな」「勉強もよくできるようになるだろう」ということがわかるのです。

どこでわかるかといえば、まず「言葉」です。どんなに語彙が幼くても、たどたどしくても、**自分が考えていることを言葉で表現できるか、表現しようとしているかどうか**。体の動きや態度、表情だけでなく、相手に対して言葉で感情や感想を伝えられる、あるいは伝えようとしている子は、必ず学習面でも伸びていきます。

次に挙げられるのが「数」です。数という概念が「順序を表すもの」ではなく、「量」を表すものだ、ということがわかっているかどうか。お風呂で100まで数えられても、数字と数量がつながっていないと、それはまだ「数の理解」ではありません。「家族5人でひとつずつみかんを食べたい。今3個しかないけど、あといくつあれば足りる?」と聞くと、1、2、3と指を折って、さらに反対の指で4、5と折って「2個」という子と、指折り数えなくても答えられる子がいます。これは「暗算ができるかどうか」ではなく、数が順序だけでなく量を表すものだということを知っているからです。これが自然な形でわかっている子供は伸びていきます。

このふたつが小学校1年、あるいは入学の少し前くらいまでにごく自然にできている子は、まずとても利発だという印象を受けますし、「勉強で大きくつまずくことはないだろう」と感じます。実際、その後を見ても印象どおりに成長していることがほとんどです。

そういう子がみんな幼児教室に通っていたり、幼稚園から公文式の教室に行っていたりするわけではありません。多くはせいぜい「お兄ちゃんと一緒にサッカーをやっている」とか、「図書館の読み聞かせイベントに連れて行っている」という、ごく普通の幼児期をすごしています。共通しているのはお母さんが比較的ほがらかであること、ユーモアがあること、そして親子ともによく笑うことです。

けっして、生まれたとたんに「息子は開成に入れます」「妊娠中から胎教のために速読をやっています」というようなタイプのお母さんではありません。

話をしていると、お父さんのこと、家族で田舎に帰ったときのこと、普段どんなことをして遊んでいるか、好きな食べ物や動物といった話題が、親子ともに自然に出てきます。

逆に、あれこれたくさんの習い事をしている子供は普通なら話すことが多そうなのに、あまり積極的に話してくれないように感じます。親が「ほら、こういうことがあったでしょ」と促して、子供が少し話すということも多いようです。

◎考えていることや感じていることをどんどん話せる子は、
　勉強ができるようになりやすいです

生活で覚えた「言葉」や「数」は身につく

子供は親や近隣、祖父母などとの自然なつきあいのなかで、買い物に行ったりお手伝いをしたりしながら、会話や経験を通して、教室で習わなくても数や量の概念を小学校1年以前で理解します。幼稚園や保育園でも言葉や数の力を育む機会はありますが、**やはり土台は家庭なのです。**

特にお母さんと一緒に体験するお買い物や食事、料理、ちょっとした片づけや掃除のお手伝いそのものや、その間に交わされる会話は、なにものにも代えがたいほど大きな力になっていきます。

そして、お父さんとの体を使った遊び、一緒に入るお風呂での会話、また年に何度かの帰省、家族旅行、そして祖父母や親戚との交流。こうしたことは、子供の成長にとって本当に大切なものなのです。

都会の核家族でも、こうした経験は重要です。こうやって育っていくのが、いわば「地頭」という土台で、勉強はその上に少しずつ段階を追いながら積み上げていくものです。

地頭とは、自動車でいうエンジンのようなものだと考えてください。エンジン性能は遺伝も何割かは関係しますが、それ以上に環境に大きく左右され、小学校低学年までの環境でおおまかな性能が決まります。十分なエンジン性能を持ったうえで勉強をはじめて知識を増やし、思考力、応用力を高め、問題を解く技術を身につけていくのです。

軽自動車のエンジンしか積んでいなければ、いくら運転技術を磨いてもＦ１に出場することはできません。

幼少期は将来の勉強に直結しそうなことをさせるより、まず日常の生活そのものを大切にしてください。それが結果として学力の基盤となります。**基礎ができていれば、そこに多くのものを積み上げていっても崩れることはありません。**

また、受験にはさまざまなテクニックも必要になりますが、土台がなければ正答を導き出すことにつながりません。基礎がないのに「裏ワザ」ばかり覚えても、まったく意味がないのです。

おはじきやすごろくで「数」の意味を知る

◎お手伝いや遊び、旅行などの経験が、子供の地頭をつくるのに役立ちます。

子供と遊ぶのは親としても楽しいものです。どうせなら、楽しみながら子供を伸ばすように工夫をしてみましょう。特別なおもちゃを買う必要はありません。発達段階、年齢に応じた遊び方で「一緒に遊ぶ」ことが基本です。

本当に小さい赤ちゃんのころは「いないいないばあ」をすると笑う、「たかいたかい」で喜ぶ、という単純なものでいいのです。けれど、これにしても「親が手で自分の顔を覆ってから顔を見せる」というパターンをよころぶ子もいれば、子供の顔にガーゼをかけて、それてはずして親の顔が見えるとよろこぶという子もいます。

こうした遊びが、やがて年齢と共に少しずつ変化していきます。おはじきを並べたり、イラストのついたカード、トランプなどを使った遊びができるようになってきたら、少しずつ「数の概念」を意識できるような方法で遊んでみてください。

子供は、おはじきで勝手に遊ばせておくと、「1、2、3、4……」と数をいいながら並べていきますが、そのままだとなかなか「数詞」としての数と、量としての数が結びつきません。前述したように、「お風呂で100までいえる」というのと、「100という数を数量として把握する」というのは別なのです。

一緒に遊びながら、ときどき「赤いおはじきは今何個ある？　3個だね。あといくつあれば5個になる？」などの言葉をかけてあげるといいでしょう。

こういう遊び方を自然にしていると、小学校1年になれば、算数で習わなくても「リンゴが3つあります。あと何個あれば5つになりますか」と聞かれたとき、指を「4、5」と折らなくても感覚的にわかるようになっています。これは、決して「5ひく3」の引き算を早く教えましょう、という意味ではありません。

すごろくのような遊びでも、たとえば「さいころで3が出ればゴール」というとき、

「ゴールまでのマス目」を意識させるのもいいでしょう。10のマス目が「上がり」だとすると、7のマス目に止まっているとき、上がるには3が必要です。現在自分のコマが止まっている7、それに続く8と9、そしてゴールの10と、関連するマスの数は4つあるわけですが、必要な目は3です。

「あと3つでゴール」というとき、どこが「ひとつ目」なのか。これは、子供にとってわかりにくいものなのです。

実際、小学校5年生くらいになっても、「3日間」「3日目」「3日後」の違いがわかっていない子供はたくさんいます。

こうした感覚は、すごろく遊びなどを通じて自然に理解できるようになります。「3日目」といったら「当日（初日）を1日目として数える」とか、「3日後」は「翌日が1日後のこと」というような「ルール」をあとで暗記するのではなく、幼い時期に感覚的に覚えておくことが必要です。

家庭で手軽にできるゲームやパズルは、ぜひお父さんやお母さんが一緒に遊んであげてください。昔ながらの将棋、オセロ、トランプゲーム、さまざまなボードゲームなど、3

～4歳からでも楽しめるものはたくさんあります。手先を使うジェンガのようなものもいいでしょう。

◎おはじきやカード、トランプ、すごろくなどの遊びを通して、楽しく数に慣れるようにします。

小学生になったらクロスワードやナンプレも

大人も楽しめるクロスワードパズル、ナンプレ、迷路なども、子供と一緒に遊ぶには最適です。クロスワードは難しいものも多いですが、幼稚園～小学校低学年でもできる、平易な語彙を使ったものがあります。またパソコンから無料でダウンロードしてプリントできるものも数多くあるので、「小学生」「クロスワード」などのキーワードで検索してみてください。

子供はなぞなぞ感覚で楽しめます。たとえば、「ごみを掃除するときに使う道具」「海にいる足が8本のいきもの」といったレベルのものなら、まだ文字が書けなくても、親子で一緒に考えながら遊べます。

◎クロスワードやナンプレで言葉を増やし、数を見つける練習をしましょう
◎「これを見つけるには、あれがわかればいい」などの考え方が身につきます

おすすめ書籍（クロスワード）

『はじめての
小学生ことばパズル
クロスワード――1・2年生』
（学研教育出版・親野智可等［監修］）

¥972

『小学生ことばパズル
クロスワード――都道府県』
（学研教育出版・親野智可等［監修］）

¥972

『たのしく勉強できる!
小学生の重要語句
クロスワード
――1・2・3年生』
（池田書店・深谷圭助）

¥972

ナンプレ（数独）も、子供用のものは数字を1～4までしか使わなかったり、マス目が少なかったりするなどたくさん問題が用意されています。スマホアプリなどにもありますが、書き直したり、「仮」で書いておけたりする紙のほうが親子で遊びやすいでしょう。「小学生向け」「ナンプレ」「無料」といったキーワードで検索してみてください。

おすすめ書籍（ナンプレ）

『数字であそぼう！小学生のナンプレ——とってもかんたん』
（池田書店・Conceptis）
¥648

『算数が楽しくなる小学生のナンプレ』
（池田書店・西村則康［監修］、Conceptis）
¥972

また、迷路も「先を見通す力」を必要とするいい遊びです。簡単なものから超難解なものまでいろいろあるので、書店などで探してみましょう。スマホやタブレット用のアプリもありますが、子供にやらせるなら、やはり紙に鉛筆やクレヨンで描いていくものからはじめるのがいいでしょう。

曲がり角を数カ所先まで頭のなかで考え、先を予想して、書く前にちょっと立ち止まって考える。行きづまったときは「ゴールから逆にたどったらどうだろう」といった工夫もできるようになります。

親子で遊べて頭がよくなる秀作ゲーム

親子で遊べるボードゲーム、カードゲームはたくさんあります。就学前の幼児から楽しめるものも多いので、うまく利用して子供と一緒に遊ぶ機会をさらに増やしてください。でも、子どもに勉強だと思わせないようにしましょう。あくまでも勝負ゲームです。負けて悔しがったり、涙を流したり、親に勝って狂喜乱舞したり。このような体験が集中力を鍛えます。

◎おもちゃ売り場には多種多様なゲームがあります。親子で楽しく遊べそうなものを選んでください

おすすめゲーム

「ハリガリ」（HALLI GALLI）

アミーゴ社

実勢価格 2,800円

ドイツ生まれのゲームで、56枚のカードと、叩くとチリンと鳴るベルを使うものです。カードには4種類の果物が1個〜5個まで描かれています。参加者に同じ枚数だけカードを配り、自分のカードを裏返して山にして手元に置きます。順番に山からカードを1枚とり、表にして場に出していき、場に出された同じ果物の数の合計が「5つ」になったら、真ん中に置いたベルを叩きます。最初にベルを叩いた人が勝ちで、場に出ているカード全部をもらえる、というルール。単純な絵と、5までの数の感覚的な「足し算」をするゲームですが、大人でもけっこう楽しめます。3〜4歳ごろから一緒に遊べるでしょう。

「ロボ77」（LOBO77）

アミーゴ社

実勢価格 1,500円

こちらもドイツ生まれ。二桁の足し算ができるようになった小学校低学年以上から楽しめます。56枚のカードと24枚のチップを使います。全員に手札のカード5枚とチップ3枚を配り、残りは山にして裏に。参加者は1枚ずつカードを場に出し、次の人は自分のカードを出すとき、前のカードとの合計をいいます。

前の人が10で自分が5なら、「15」といいながらカードを出すわけです。次の人は7を出すなら「22」といいます。次々に足し算を続けていき、合計が77以上になってしまったらアウト。または、「22」「66」などの「ゾロ目」もアウト。そうならないように、自分のカードを選んで出していくわけです。

これは大人の頭の体操にもぴったり。小学校1～2年ではまだ無理かもしれませんが、3～4年になれば十分大人に対抗できます。

デジタルツールは親子のコミュニケーションに使う

そのほか、スマホのアプリにも面白くて、よくできたものがたくさんあります。

スマホなど電子機器の「功罪」はいろいろ論じられていますが、学校の授業にもタブレットが部分的に使われる機会が増えているようです。実際、良質なアプリも数多いので、上手に利用して楽しんでみてはいかがでしょう。

特に植物図鑑、動物図鑑、天文関連などのアプリは動画や音声なども使われているため、有料でも購入するに足るものが多くあります。旅行先に携帯できるうえ、こうした有料の図鑑などはネットにつながっていなくても使えるので、一度ダウンロードすればネット環境も不要。「電子辞書」と同じように使えます。

一方で、**反射神経だけが必要で、惰性でもできるようになっていくゲームを勝手にやらせるのは避けてください。**こうしたゲームは2、3歳でもできたり、中毒性の高いものがあったりします。しかも、まったく思考力を使わず刺激だけに反応するものは、親子で一緒に声を出し、笑って楽しむということの代替にはなりません。同じパズルをするにしても、親子で1枚の紙に向かって解くか、子供がひとりでスマホ画面に向き合って解くかで、子供が手にする糧の質がまったく違ってきます。

特に幼いころは、スマホ、タブレットなどのデジタルツールを、「子供をひとりでおとなしく遊ばせておくための道具」にしないようにしましょう。

◎デジタルツールは、生活や学習の場にどんどん入ってきています。子供が上手につきあえるようにするには最初が肝心です

手先をたくさん使う遊びを経験させよう

そのほかにおすすめしたいのは、昔ながらの「プラモデル」。これは小学校低学年以下

では少し難しいかもしれませんが、完成したフィギュアではなく、自分で部品を切り離し、接着して、必要な場合は塗装するものです。モーター、電池を使って組み立てて動く自動車や戦車、お風呂で遊べる船などがいいと思います。女の子は興味を持ちにくいかもしれませんが、意外に面白がる女の子もけっこういるので、一度試してみてはいかがでしょう。手先も器用になるし、動くものを組み立てる経験はその後理科で「電気」などの物理分野を習うとき、びっくりするほど役に立ちます。

女の子も、手先を使う遊びをたくさんとりいれてください。親子で楽しめるクラフト系の遊びは男の子にもおすすめです。木工、ビーズ手芸、簡単な編み物、季節や行事にちなんだ飾り物づくり、最近はやりのデコパージュ（紙を切り抜いて箱やビン、小物などのざまざまな素材に貼りつける手芸）や、小さいカラフルな輪ゴムを編んでブレスレットなどをつくる「レインボールーム」なども楽しそうです。4歳くらいからでも一緒に楽しめるものがたくさんあります。

どんなものであっても、**大切なのは、手先をたくさん使うこと、そして、親子でわいわい楽しい時間を持つことです。**

折り紙、お手玉、けん玉、おはじき、コマ回し、凧揚げなど昔からのおもちゃは手先を使い、親子で一緒に楽しめるものばかり。休日、お父さんに遊んでもらうには絶好のおもちゃです。派手さを追求したような新しいおもちゃばかりに目を向けず、こうしたものも楽しみましょう。

特に折り紙は、指先を使うだけでなく「真ん中で折って開いて」という作業を繰り返すなかで、将来学習する「図形」の基礎も身につきます。線対称の概念は、折り紙そのものです。折り紙の説明図（折り方）などを見慣れていると、図形の学習も特別なものには感じないし、それがさらに発展して「展開図」になっても、スムーズに理解する基礎になります。

親の世代でもこうしたおもちゃで遊んだ経験がない人が増えていますが、児童館などで遊び方を教えてくれるイベントや教室などもあるので、地域の情報を探してみてください。

◎プラモデルやビーズ、手芸、折り紙などの指先を使う遊びは、算数の図形問題や文章題に強い子にします

キッチンは子供を伸ばす「タネ」の宝庫

こうしたことを意識して子供に接するようになると、日常生活の小さなことも子供の成長により役立つようになっていきます。

その最適な場所がキッチンです。お母さんは毎日キッチンに立って食事の準備をしますが、そのときお子さんはどこにいるでしょう？

「危ないからキッチンに入らないで」「料理の支度をしている間はテレビを見ていて」と遠ざけてはいませんか？　急いで支度をしているときに子供にまとわりつかれるのはときに危険で、わずらわしいかもしれません。

でも**キッチンというのは、子供にとって経験と知恵の宝庫でもある場所**なのです。

ぜひ、子供と一緒に食事を支度する回数を増やしてみてください。

火を使う料理のそばに子供がいるのがどうしても不安だというなら、調理前の野菜に触らせることからはじめるといいでしょう。実際の手触りや色、匂い、断面、生の味などを感じ、それが調理されるとどう変わるのか、といったことも子供は自然に学ぶはずです。

3～4歳になったら、ちゃんと教えれば子供は包丁で実際に野菜を切れるようになります。包丁を持たせるのが怖ければ、野菜を一緒に洗う、大根を下ろすといったことからはじめましょう。キッチンに踏み台を置いて、子供と一緒に料理ができるようにしているご家庭もありました。

魚も同様に触れさせましょう。一匹丸ごとの魚が切り身、開き、お刺身などになることも、キッチンでお母さんの料理を見ることなどで学びます。海に魚が切り身の状態でいると思っていたり、「アジノヒラキ」という魚がいると思っていたりする子供も少なくありません。

日常のキッチンで野菜や果物、魚や肉などを手で触れ、実際にお手伝いをするなかで、子供は実にさまざまな知識を手にしていきます。

野菜には水に浮くものと沈むものがあることを知り、水よりお湯のほうが砂糖が溶けやすいことを知り、塩をかけると野菜から水が出て小さくなることを知り、野菜の断面に種がどう入っているかを知る。魚をさばくのを見ていれば、体内の構造も自然に覚えます。温度を上げると溶けるものと、固まるものがあることもわかるでしょう。

これらは生活常識であると同時に、まさに理科で習うことでもあります。**キッチンでこうした体験ができるかどうか、身体感覚として身についているかどうかは、近い将来大きな差になります。**

もちろんお母さんは「勉強の役に立つから覚えなさい！」とキッチンで指導する必要はありません。けれど、積極的に子供が興味を示したものは、少し危険かなと思っても、自分でやらせたり、子供が触れたことのないものは実際に触らせてあげたりしましょう。

そのとき、自然に「卵は熱くするとだんだん固まっていくんだよ」「何分ぐらいがちょうどいい？」と、なにかしら声をかけあげてください。そうやって、時間を体で理解すれば、時計の読み方までわかっていきます。時計の読み方は、教科書に書いてある絵で覚えるより、キッチンでお母さんと料理をしながら覚えたほうがずっと身につきます。

そのためにも、リビングやキッチンの時計は長針、短針、秒針のついたアナログ式のものにしたり、キッチンタイマーも子供にも見やすいものにしたり、また調理用の「はかり」もデジタル式よりアナログ式にしたりして、子供と調理を楽しんでください。

◎「洗う」「切る」「焼く」「煮る」「酢を加える」などは、すべて化学変化や物質変化。勉強が忙しくなる前に経験させましょう

社会科の基礎は「買い物」で身につく

また、日々のお買い物もとてもいい体験の場です。忙しい時間の買い物、重い荷物、泣く子供、おもちゃがほしいと叫ぶ声……。考えただけで憂鬱になるかもしれませんが、幼稚園ごろになったら、なるべく子供との買い物を楽しい時間にしてあげてください。

毎回ではなくてもいいのです。ときどき、「今日はなにをつくろうか」と相談して、材料を一緒に考え、子供にお店で商品を選ばせてあげてもいいでしょう。

数に興味が出てきているなら「全部で何個買えばいいかな」「あと何個足りない？」と少し考えさせる言葉をかけるのもいいです。さらに、年齢に応じて値段や産地に注意を向けさせてもいいでしょう。「この魚は鹿児島県の海でとれたんだって」「こっちはメキシコっていう国から来たらしいよ」「どう違うんだろう」「ぶどうは山梨県でとれたものが多いね」といった感じでいいのです。

その場でその意味や背景を説明する必要などまったくありません。**「遠くから届いたのだ」ということがわかるだけでも、いい体験です。**

もし子供が「メキシコってどこ？」と興味を示したら、あとで一緒に地図を見て教えてあげればいいでしょう。買い物などの経験があるからこそ「県」「国」などの名前に親しみを持てるのです。

将来、社会科ではじめて「ぶどうの生産量が一番多いのは山梨県」と言葉で習うより、ずっと楽しく自然な知識が身につきます。

リビングなどに日本地図や世界地図、地球儀があれば、すぐに「このへんだよ、遠いねー」「すぐそばの海から来たんだよ」といったことも、一緒にたしかめることができます。地図や図鑑は家にぜひ置いてほしいものですが、置くだけでは意味がありません。身近で触れたものを図鑑で確認して、「あっ、さっき見た木はこれだ！」「今日のおやつの果物はこれ！」と見つけることなどが、知る喜びの第一歩になります。

◎親も野菜や果物、お魚の産地に興味を持ってください。スーパーでも地理の勉強はできます

算数の基礎になる「割引」「セール」の考え方

買い物では、値段の違いやお釣りのやりとり、セールの日や「割引クーポン」なども学びのタネになり得ます。クーポンをためると割引になることや、「たくさん買うと1個あたりの値段が安くなる」といった経験、「○割引」という表記の意味なども、少しずつ教えてあげましょう。そのとき、低学年の子供に「％」「○割」の意味を無理に教える必要

はまったくありません。

それより、「十円玉が10個で100円」「百円玉で60円の買い物をすると、おつりは十円玉が4つになる」といったことを自然に学ばせましょう。子供は、お金をくずすと硬貨の数が増えるので喜んだりします。「十円玉10個と、百円玉1個は同じ」ということを理解できるようになれば、これがのちに学ぶ10進法の基礎になります。

お小遣いのあげ方には、「必要なときに必要な額だけ」という考え方もありますが、「1カ月100円」などの定額であげて、好きなように使わせるのもいい経験になります。

私は小さいころ、カバさん型の貯金箱をひっくり返しては、貯めた十円玉や五円玉、一円玉を取り出しては、きれいに積んだり並べたりしていたものです。「あと25円で300円になる。そうしたらあれを買おうかな、400円になるまで我慢しようか」とか。そんななかで、**十進法の概念や足し算、引き算の基礎も理解していきます。**

また、スーパーやコンビニ、デパ地下ばかりでなく、少し遠くなってもときには個人商店の並ぶ商店街に子供と出かけてみてください。大型店舗が増え、いまや商店街も貴重になりつつありますが、個人商店での買い物体験は子供に多くの財産を与えてくれます。

魚屋さんではおすすめの旬の魚とその産地、ときにはおいしい食べ方も教えてくれるかもしれません。「これは煮物にしたら最高だよ」といったおじさんの言葉にしたがって、その夜のおかずを煮魚にすることもあるでしょう。肉屋さん、果物屋さん、八百屋さん、パン屋さん、といった昔ならどこにでもあったお店が減ってしまったのは残念ですが、少しでもこうした昔ながらの商店での買い物を体験させてあげてください。

お使いに行かせるのもいいでしょう。お店の人との会話、お金のやりとり、ときには「おまけ」をしてくれるかもしれません。親子で行き慣れたお店にひとりで行くという体験は、子供にとって大きな冒険ですが、やがて当たり前のお手伝いになります。

実はこうした経験が、小学校高学年以上の学校生活の基盤になり、勉強にも、さらに高度な学習が求められる受験期にもいい影響を与えるのです。

◎硬貨を使ったお買い物は、
十進数を学習する方法として最良のものです

あらゆる機会をとらえて身体感覚を養おう

洗濯も、子供に大切なことをたくさん教えられる機会です。全自動洗濯機と乾燥機しか使わないという環境でも、要は工夫次第。布の手触りの違いや厚み、重さを比べて遊んだり、柔軟剤を入れたときと入れないときのタオルの手触りを比べたり、普段は乾燥機でもときには部屋干しやベランダ干しをして乾く時間を比べたり、一緒に干したり、取り込んだり、たたんだりするのもいい体験です。

布が濡れると重くなること、お湯のほうが洗剤が溶けやすく汚れも落ちやすいことなどを身体感覚として理解していきます。

自分の小さなTシャツをどうすればきれいにたためるか、折り紙遊びの感覚で工夫させてもいいでしょう。折り紙は図形の勉強の基礎ともなる遊びで、幼児期にぜひおすすめしたいと前述しましたが、洗濯をたたむのも折り紙の一種といえるかもしれません。

洗濯物を一緒に干したり取り込んだりする経験から、天気予報や天気図への興味、雲の動き、風の強さに興味が広がることもあるかと思います。「こういう雲のときは、もうじき雨になるよ」「天気予報では一日晴れるっていってるから、洗濯物を外に干そうね」といった会話のなかで、自然に身につくことがたくさんあります。

お風呂も最高の遊びの場であり学びの場です。

「清潔にすることの大切さ、気持ちよさ」を教えるだけでなく、浮力を実感したり、石けんの泡の面白さなどを味わわせてあげたりしましょう。ふたつのものをお風呂に持ち込んで、「どっちが沈むか、どっちが浮くか」というようなクイズにしても子供は喜びます。

ゆっくり入る時間があるときは、浴室内でシャボン玉遊びをしたり、船を走らせたり、「お風呂で読める本」を読むのもいいですね。忙しい日常ではそうそう毎日のんびりできないでしょうが、時間がないときこそ「お風呂の時間」だけは、子供とゆっくり向きあう時間と決めてもいいかもしれません。

生活家電で、身体感覚を自然に育てることもできます。たとえばエアコン、扇風機、加湿器、除湿機といったものです。

小学校高学年になっても、身体感覚としての「湿度」がまったくわからず、「今日は湿度が低いから、洗濯物はすぐ乾きそうだね」といっても、ポカンとしている子がよくいます。ある気温で水蒸気が飽和状態だと「湿度100%」ですが、「湿度60%」というのは飽和状態に対する割合だということが感覚としてつかめないのです。「湿度100%って、空気が水だらけになってしまったってこと?」と聞いてくる子がそうです。

幼児期に湿度について詳しく教える必要はないですが、小さいお子さんがいるご家庭では、温度計だけでなく湿度計や気圧計もあるといいでしょう。3つがセットになった手軽なものもたくさんあります。身近にあると、天気予報のとおりかどうか実際に見てみたり、場所を変えて測ってみたりと遊びのなかで興味がわき、知識が身につきます。

湿気の多い季節に除湿すると除湿機にどれほどの水がたまるのか、冬に加湿器でどれだけ水が蒸発してなくなってしまうのか。こうしたことを体感していると、絶対に忘れない知識が身につきます。

お母さんも「洗濯物が乾かないわ!」だけでなく、ときどきは「今日の気温は25度だけど、湿度が80％だから洗濯物が乾きにくいんだよ」といった言葉も、子供の年齢や興味に応じてときどき付け加えてあげるといいと思います。

◎今後学習していく考え方や知識は、身体感覚に結びついてこそ子供は深く納得することができます

身近な自然からも学べることはたくさんある

公園など近くを散歩する機会を積極的につくって、身近な自然に目を向けさせてあげましょう。道端の草花や木が季節によってどう変化するのかを楽しみ、花や葉などを使ったちょっとした遊びをすることは都会でも十分可能です。雲の形、動き、夕焼けの色も、少し注意を向けるだけで楽しめます。風の音、強さ、吹いてくる方向、それで木がどう揺れているか、散歩しながら観察してみてはいかがでしょう。

自然を通して楽しめることはたくさんあります。夏なら影を楽しむ、道路に触って熱さを知る、水をまいたらどうなるかを知る、公園の水道の水に触って温度を感じる、スズメ、ハト、カラスの行動を見る、近所の犬や猫に挨拶して歩くなどなど。

ただ忘れてはならないのは、それをお母さん自身が楽しむということです。子供と一緒にこうしたものを見ることを楽しんで、楽しんでいることを声や表情に出すことで子供に伝えてください。子供は「お母さんが楽しんでいること」を楽しみます。親がまったく関心なげに「あれを見なさい」「これを観察しなさい」「将来役に立つから知っておきなさい」などといっても、子供はけっして楽しもうとしませんし、むしろ顔をそむけてしまうでしょう。そのうち、お母さんと散歩に行くことさえイヤがるかもしれません。

特に、便利な都心の高層マンションの上階に住んでいるような場合は注意が必要です。大人にとっては快適な環境でも、子供にとっての大切な経験が不足することがあります。それが湿度、温度などの感覚、買い物などで知る生活感覚で、特に学校の理科や社会に関わる知識が抜け落ちてしまうことが少なくありません。

大人にとって生活が便利になる分、成長期の子供に必要な体験を奪うことにもなりかねないのです。セキュリティがしっかりしていることは「隣近所とのおつきあい」を奪い、便利なレトルト食品、カット済み食材は「子供と一緒に料理する時間」を奪い、全自動の24時間空調は、「室内の湿度や温度の変化を感じる機会」を奪うわけです。

もちろん昔のような暮らしに戻ることはできませんが、親がそれを意識して、少しずつ生活のなかでの体験の機会を与えるように注意しないと、子供にとって、人間にとって必要な身体感覚が育たなくなる恐れがあります。

◎都会の便利な生活が子供に必要な体験を奪っている可能性も。
田舎や公園にどんどん連れ出してください

なるべく「助詞」を使ってキチンと話しかける

もうひとつ心がけていただきたいのは、子供との「会話」です。

赤ちゃんのころは「○○ちゃん、○○でちゅね～」「ほら、ワンワン」「はーい、ごはん」などと、大人の言葉も「赤ちゃん言葉」になることが多いものです。もちろん最初はそれでいいのですが、子供の言葉が増えてきて、「おなか、すいた」「ママ、だっこ」といった二語文を話すようになったら、少しずつお母さんは子供に正確な言葉をかけるように気をつけてください。親まで二語文のままで子供と話をしていると、いつになっても「ほら、遅刻！」「学校は？」「宿題は？」「早く、お風呂！」「寝なさい」といった一語文や二語文の会話ばかりになってしまいます。

難しい言葉を使う必要はありませんが、「○○ちゃん、今日はお昼を食べたあとでなにをして遊びたい？」「今日は幼稚園でなにが一番楽しかった？」「誰となにをして遊んだの？」と、なるべく「助詞」を使って話してください。子供の答えが単純な単語だけだったとしても、それを直したりする必要はまったくありません。まず、お母さんが、**自分の友達に話すのと同じような言葉で、通常の助詞を使って話しかけるだけでいいのです。**

成長していけば、誰でもときには人称代名詞や目的語、助詞などを適当に省いて話すようになりますが、言葉を覚える段階では、まず一語文、二語文、そして助詞で接続された文節、文章という段階を踏むことが大切です。二語文が話せるようになった時期からは、相手が話す少し長い文章を聞き慣れることで、少しずつマネをしていくようになります。難しい言葉を教えよう、語彙を増やそうと無理はしないでください。

また、身の回りにあるもの、両親の田舎に行ったときに見たもののしっかりした名前や呼び方を教えるのはとてもいいことです。たとえば、都会ではもうあまり見かけない「かわら」「雨どい」「縁側」「たたみ」「焚き火」「畑」「田植え」といった言葉は、積極的に教えてあげてください。実体験に基づいた単語は子供もすぐに覚えてしまい、真の意味で自身の語彙になります。

それが将来、国語の文章題や漢字の問題などで大きく効いてきます。他人の話を理解し、自分の言葉で自分の意見を伝えること、伝えようとすることができる子は、必ず勉強も伸びます。

◎親は「てにをは」をキチンと使って話しかける
◎身の回りにあるものの名前をどんどんいってあげましょう

お母さんのうれしい気持ちはそのまま出す

言葉や会話を意識するということは、親子のコミュニケーション、親子の絆と深く関わっています。倦怠期の夫婦の会話が「ゴハン」「風呂」「オイ」だけになる、というのはよくいわれますが、親子の会話もうっかりするとこうなりかねないのです。「宿題」「お風呂」「テスト」に「やった」「まだ」「まあまあ」という会話ばかりが続くようでは、「すぐ学力を伸ばす方法」や「受験を突破する裏ワザ」を求めても意味はありません。

特に小学校に入ったあたりから、お母さんの言葉のなかに「指示する言葉」が増えていきがちです。「宿題しなさい」「手を洗いなさい」「お風呂に入りなさい」「部屋を片づけなさい」「もっとがんばりなさい」――。

こうした言葉を発するときのお母さんの顔は険しくなっていたり、こわばっていることもあります。子供はお母さんのそういう顔ばかりを見ることになってしまいます。

なるべく意識的に、「お母さんの気持ち」を話してあげましょう。

たとえば「お母さんはあなたがお手伝いしてくれて、すごくうれしかった。ありがとう」「本がずいぶん上手に読めるようになったね。ほんとにすごいね」「この前は、約束していた時間までに帰ってこられなくてごめん」「少し怒りすぎちゃった。ごめんね」。喜びの気持ち、感謝の気持ち、またときには反省する気持ちも、ちゃんと言葉で子供に伝えてあげてください。

なかなか難しいことだとは思いますが、「ほめる言葉の回数を増やす」「自分の気持ちを伝える」「否定的な言葉からはじめない」などを意識するだけで、お母さん自身の気持ちも明るくなっていくものです。

お母さんの顔は「叱るときは怖いけど、いつもはやさしい」であってほしいものです。

◎「宿題しなさい！」などの指示語ばかりだと、
子供は自発的な学習をしなくなってしまいます

「聞き上手」になって子供の話を引き出す

お母さんにもうひとつ心がけてほしいのは、「聞き上手」になるということです。子供の個性、親の個性によっても違いはあると思いますが、お子さんのたどたどしい話を聞くのはけっこう根気がいるもので、「で、結局どうしたの」「こうだったんでしょ」と、親が聞きたいことだけを聞き出そうとしたり、先走ってお母さんが話してしまうような会話になりがちです。

本当に子供が話したいことと親が聞きたいことは、重ならないことが多いもの。親が聞きたいことばかり矢継ぎ早に聞いたりせず、できるだけ子供が話したいことを話させて、聞いてあげてください。おやつを食べているとき、お風呂に入るときなどは、勉強のことや学校のことなどを質問するだけでなく、子供が自発的に話そうとすることを聞いてあげてください。好きなキャラクターのことでも、好きなサッカー選手のことでも、好きなお菓子のことでもなんでもいいのです。

話が回りくどくても、なんだか説明がさっぱり要領を得なくても、言葉遣いを直そうとしたり、先回りして「こうだったんでしょ」といったりせず、「へえ、そうなの?」「それでどうだたの?」とのんびり相づちを打ちながら、話に興味を持って聞いてください。できたら、子供が好きなキャラクターにも興味を持ってほしい。「なぜそんな好きなのか」「どのへんが魅力的だと思っているのか」がおぼろげながら大人にもわかってきます。

親に、自分の思っていることを言葉で伝える、なんとか説明しようとする、というところから「話す力」は育っていきます。それが、やがて国語の「書く力」につながるのです。高学年になってから「うちの子は記述式の問題が苦手で困っている」というお母さんを見ていると、子供の話をちゃんと聞こうとしていないというケースもあるようです。

つまり、子供はお母さんに「気持ちを話す」「あった出来事を自分の言葉で説明する」ということに慣れていないのです。言葉で説明できなければ、記述問題が苦手になるのは当たり前です。

◎子供はしゃべった分だけ「話す力」がつき、
それが受験期に必要な記述力につながります

テレビやＤＶＤは使い方次第

よく質問されるのがテレビやスマホとのつきあい方ですが、これは「何時間以内ならいい」「スマホは何歳から」といえるようなものではありません。現代に暮らしている以上、よほど確固たる信念がある場合は別として、もはやこれらの機器とまったく無関係で暮らしていくことはほぼ不可能でしょう。

ただ、どちらにしても、子供にとって（特に乳幼児期には）本来は必要ないものだということは理解しておいてください。むしろ頼りすぎ、使いすぎが害になるケースは、子供に限らず数多く報告されていることはご存じのとおりです。

テレビまたはＤＶＤについては、良質なプログラムを親子で楽しむのは特に悪いことではないと思います。一番問題だと思うのは、常に親が家でテレビをつけっぱなしにしていたり、ＤＶＤを見せておけばおとなしいからと、すぐ「子守り」をＤＶＤまかせにしてしまうケースです。

テレビやＤＶＤの映像コンテンツは、子供にとってかなり無理のある情報量がつめ込まれたもの。**強い刺激に引きつけられてることはあっても、それがよりよい成長につながるとはいえません。**テレビ、ＤＶＤは「子供にとっては特別なもの」だと考えて、月齢、年齢ごとにふさわしいものを選び、一緒に楽しむようにしてあげてください。

とはいえ、親自身がのべつテレビをつけっぱなしでは、子供になにをいっても聞かないでしょう。親が率先して見る番組や時間帯を決めて、子供と一緒に見る番組も一緒に決める。なかなか難しいかもしれませんが、小学校のとくに低学年までは、テレビとのつきあい方に家族で一定のルールをつくり、選択的に見ることを習慣にしましょう。

7時には天気予報とニュースを見る、という習慣が親のほうにあれば、子供も自然に少しずつ社会の動きに興味を持つようになります。これは、まさに学校の社会の勉強にも直結していく体験です。

乳幼児期に大切なのは、なにより親と子のコミュニケーションであり、コミュニケーションの場で得た体験や知識の蓄積です。テレビがその時間を奪うものではなく、むしろコミュニケーションのツールになり、家族の会話や笑いを生む要素のひとつとなるのであれば、無理に遠ざける必要はないでしょう。

◎最初に「家庭のルール」として接し方を決めましょう。
親が率先してルールを守ってください

「スマホ」も親の使い方から見直す

スマホ、ケータイは、よほどの事情がない限り小学生に持たせる必要はありません。ただ、塾や習い事の行き帰りに連絡する、また万一のとき居場所を把握するなどの理由から、親が持たせることも多いようです。

しかし結果として、スマホは子供にとってはゲーム機になるだけ、ということになりがちです。どうしても連絡、安全のために持たせる必要があるのであれば、子供用に機能を制限したものを選んであげてください。

サイトへのアクセスや登録された人以外との通話、アプリインストールやゲームアプリ、歩行中の使用、Ｗｉ－Ｆｉ経由のアクセスなどを制限することが可能です。

親世代がすでに理解しているとおり、スマホには一種の中毒性があり、持っていないと不安になってしまいます。小学校高学年、中学生ともなれば、ＬＩＮＥなどのＳＮＳがいじめの原因になったり、犯罪の温床になったり、金銭的なトラブルを招いたりという話題も増えています（もちろん子供に限ったことではありませんが）。

こうしたことを防ぐには、まずメディアそのものを親も子も理解すること、実生活でのリアルなコミュニケーション能力を高めること、また一般的なニュースなどの情報を客観的に見ることが必要です。さらに、なにか問題がおきたときに親が気づける関係であること、子供が親、または先生に相談できる環境、精神状態であることも求められます。単に「子供にスマホを持たせなければいい」と考えていても、すでに親が日常的に利用していれば、結局「そろそろいいか」と持たせることになります。

育児をするなかで、スマホは便利なようにも思えます。実際、子供に音楽を聴かせたり電子書籍で絵本を読んだり、読み聞かせたりするアプリもあります。子供向けのパズルやゲームにも、いいものがたくさんあるというのも事実です。

しかし、「いいものならかまわない」「どうせいつかは持たせるんだし、早くから慣れていてもいいだろう」と考えるのは、危ういということを知っておくべきです。

子供はスマホが好きだし、親も使っていればなおさら興味を持ちます。実際に遊ばせると子供の気を引くものがたくさんある。「子供向けゲームだからいい」「知育パズルならいい」と、早くからスマホで遊ばせることに親が慣れすぎていると、子供は「スマホ」を非常に早い時期から「なくてはならないもの」にしてしまいます。

絵本やおもちゃよりずっと刺激が強く、どんどん新しいものが出てくることに慣れて、ゆっくり味わうべき絵本などが楽しいと思いにくくなる。

ボードゲームやカードゲーム、手遊び、手づくり遊びと似たことがスマホのアプリでできるとしても、幼い子供が経験しておくべきなのはゲームの楽しさだけではなく、親と一緒に室内や屋外で遊んで体を動かし、手を動かし、笑うことです。

「スマホ」を知育のためのツールに使うこともいいのですが、**他の体験、遊びとのバランスをなにより大事にしてください。**

お母さん自身がスマホを手放せず、子供と2人でいるときもLINEの返事をしているようだったら、子供になにを規制しても意味はないでしょう。公園でなどでも時折、子供が呼びかけているのに生返事で、スマホの画面ばかり見ているお母さんを見かけます。これこそが、「スマホの害」の最たるものではないでしょうか。スマホを何歳から与えるかを心配する前に、親自身の「使い方」を振り返るべきかもしれません。

◎スマホを使っているとき子供に呼びかけられたら、
画面から目を外して正面から答えてあげてください

親が楽しまないと、子供は学ばない

家族での外出、旅行は子供時代の大切な思い出であり、成長の機会でもあります。子供らしく興味や好奇心、知識の芽を伸ばしていく、なによりのチャンスなのです。

どこへ連れていくかということですが、最初は近所の公園などで十分。歩けるようになったばかりの1～2歳の赤ちゃんなら、広くて安全な場所で、室内とは違う土や芝生の感触を味わいながら歩いたり、転がったり、ボールを投げたりして遊んでください。

2歳以降は少しずつ記憶力も育ってきます。大きくなってもはっきり覚えている、という記憶力ではありませんが、少しずつ保持する時間が長くなり「経験」として蓄積していきます。

3歳ごろからは動物園もおすすめです。最初はウサギなどの小動物に実際に触れることができる子供向けの動物園がいいでしょう。自分の手で手触りをたしかめさせてあげてください。家で猫や犬などペットを飼っているなら、手触りや大きさ、色や尻尾の長さ、耳などが違うことを発見するでしょう。

もう少し大きくなって、絵本などで「ゾウ」「ライオン」「イルカ」「カメ」といったものに出会うようになってきたら、本格的な動物園や水族館に行ってみましょう。絵で知っているものを見に行くときは、「今日はこのゾウさんに会いに行くよ」「ゾウさんはどのくらい大きいかな。楽しみだね」などといってあげるのもいいでしょう。

小学校低学年のうちは、ただ面白がって見ていればそれでいいのです。ただし、そのとき、**ぜひお父さん、お母さんが率先して面白がってください。**「そこにいるから見てきなさい」といったきりお父さんもお母さんも興味なさそうにしているようでは、子供はけっして心から面白がりませんし、記憶にもとどめません。

親が楽しみ、感情を動かし、それを言葉や表情に出すことで、子供は一緒に対象を楽しみます。ともにシロクマの大きさや迫力にびっくりしてください。「シロクマでかい‼」「こわい〜」などとはしゃいでいれば、それで十分です。親と一緒にいろいろな動物を見て、それが楽しかった、また見にきたい、今度はこんな動物も見に行きたい、と感じられればそれでいいのです。

2、3年生になれば動物の前に掲げられた説明のボードも読めるようになるので、全部ではなくても一緒に読んで、「カピバラってネズミの仲間なんだって!!　ずいぶん大きなネズミだねー」「でも顔はたしかにネズミっぽい」などと面白がってください。動物園の説明ボードには、平易な文章で大人が読んでも面白い知識がたくさん書かれています。

何年かたって子供が理科の勉強に取り組んでいるとき、「寒い地域に住む動物の体が大きい理由」を学ぶでしょう。それは、体が大きいほうが体重あたりの表面積が小さくなるため、体温が維持しやすいから（ベルクマンの法則）なのですが、そのとき子供の頭のなかには、動物園で一緒に見たシロクマの姿が浮かんでいるはずです。

そして、「へえ、マレーグマって思ってたより小さいんだなあ」というお父さんが何気なくいったひとことを、急に思い出すかもしれません。「そうか、マレーグマは暑いところにいるクマだから小さいんだ」ということを、子供は深く納得するでしょう。

「なるほど！」「たしかに！」という、この感覚がとても大切です。深い納得感、理解を得るには、幼いころからの実体験で得た身体感覚がたいへん重要なのです。

シロクマの例のように、Aの体験がBの役に立つ、と必ずしも直結するわけではありませんが、ぜひ多くの体験を通して子供の身体感覚を伸びやかに育ててください。

◎新しい知識に感動したり、珍しいものを面白がったりすることも、親をマネするところから始まります

3章

大きく後伸びする子の「塾」と「習い事」

大量の情報を高速で与えるカード学習などの「早期英才教育」について、私が否定的であることはすでに述べましたが、「では、なにをやらせればいいの?」という質問をたくさんいただきます。

正直なところ、「別になにもやらせなくていいのでは」といいたいところです。時間と環境が許すなら、小さいころは家庭、親戚、ご近所、幼稚園か保育園、小学校、そしてせいぜい地域の子供会くらいで十分だと思います。

とはいえ、首都圏にお住まいだと安全に遊ぶ場所もあまりない、両親が仕事を終えて帰宅するまでの時間、カギっ子にするより習い事に通わせたい、将来に役立つことを少し早めに身につけさせたい、子供自身の楽しみのためにもいろいろな経験をさせたい、子供の可能性を見出したい。このように考える方は多いでしょう。

実際、どんな人間にも「隠れた才能」はあります。たまたま一生チャンスがなくて気づかれなかったけれど、思わぬスポーツ、芸術の才能がないとも限りません。

とはいうものの、世界中のスポーツや芸術をかたっぱしから試してみるわけにもいかないので、やはりこうしたものとの出会いには「縁」もあるかもしれないですね。

この章では、習い事や塾などのつきあい方について、具体的なアドバイスをしていきたいと思います。

幼児向け英語教室には期待しすぎない

まず英語についてですが、これは専門家でもいろいろ意見が分かれるかもしれません。中学受験ということを考えるなら、そもそも受験科目に英語はないので、不要ということになってしまいます。むしろ、そのぶん気楽で楽しい習い事のひとつだといっていいのかもしれません。

現在小学校5年、6年生は1週間に1回の英語の授業が必修になっており、学校によっては低学年から実施しています。ただ、通常は必修科目といっても成績をつけるものではありません。また、中学から学ぶ英語の基礎というわけでもないのです。

小学校の英語授業の目的は、おもに聞く力、話す力の基礎、英語でのコミュニケーションに慣れること、外国語や文化を理解して関心を持つ、といったことです。「読む」「書く」はほとんど行わないのが普通です。

要は英語を聞くことに慣れ、外国人の先生とコミュニケーションをとることで、「英語アレルギー」のようなものを早い時期になくしてしまおう、ということです。簡単なフレーズをどんなシチュエーションで使うのか、といったことを実際に会話しながら理解しようという意図です。

幼児期から小学校低学年の英語塾、英会話スクールは多数ありますが、こちらももちろん英単語や文法を教えるわけではなく、体を動かしながらリズムに合わせて単語などを発音したり、歌ったり、踊ったりというものがほとんど。英語の音や外国人の先生とのふれあいに慣れる、コミュニケーションに対して積極的になるのが目的なら悪くはないと思います。英語の歌をいくつか覚えたり、アルファベットが読めるようになったりするかな、と期待するくらいでちょうどいいかもしれません。

親の海外赴任などで現地の小学校に通うことになれば、子供はあっという間に現地の言葉を覚えてしまいます。あまり急がず長いスパンで考えましょう。高校、大学の受験英語、英検、就職、TOEIC、留学などの個々の目的によって学び方を考えればいいのです。

それより、**本人がイヤがっているのに無理に通わせると、かえって早期の英語アレルギーにしてしまうおそれもあるのでご注意を。**

◎勉強だと思わず、遊び感覚で楽しく英語に親しむことが目的です

「公文式」はじっくり取り組むもの

テレビCMなどで知らない人はいない「公文式」。海外でもさかんに教室を展開しているようです。公文式はもともとは小学生向けの算数のプリント学習が基本で、その後、国

語、英語も加わっています。国内の教室数は1万6500（2014年3月末）。対象は0歳から社会人まで。幼稚園のときに入会して、小学校3年生くらいまで続けるといったケースが多いようです。学年ごとに同じものを学習させるのではなく、本人の力に合わせて次々にプリントを渡していく方式で、どんどん進む子もいるし、理解が遅いようなら少し戻って学習する、ということもできます。週2回教室に通い、小学生には教室のない日にやる宿題も渡されます。

基礎的な部分をしっかりやって身につける、という基本スタンスですから、「問題が面白い」「理解できた喜びがある」と過度に期待することはできません。子供たちのモチベーションを上げるために、プリントは1枚ごとに採点して全部できたら100点をつけてくれます。先生たちは子供をよくほめるそうです。基礎をしっかりと身につけるための学習法として、また自宅学習を習慣づける方法としてよくできたシステムです。

ただ、問題の意味をよく理解せず、どんどんスピードを上げて速く進めばいい、というやり方になると続ける意味がなくなります。教室ではやり方に関して先生から個別に声かけがありますが、宿題を適当に片づけてしまうようになると、効果は半減します。もし低学年で公文式に通っている場合は、宿題をするときにきちんとつきそい、文字をていねいに書いているか、一問ずつしっかり解こうとしているかを見てください。「**簡単だからすぐ終わる！**」**となぐり書きで答えを書いているようだと効果はありません。**

算数の計算問題というのは、早めにはじめて訓練すれば実際に速くなりますが、幼いころからスピードアップばかりを考えるとかえって悪影響が出ることがあります。

また、個人の力に合わせてできるのが公文式の良いところです。親のほうが「○○ちゃんはもうCまでいったのに、あなたはいつまでAをやっているの！」などと叱ったりしないでください。

◎急ぐあまり字がなぐり書きになっていないか、
ときどきチェックしてあげてください

受験対策塾の低学年講座はまったく不要

小学生向けの学習塾は一般に「補習塾」と「受験対策塾」にわかれていて、個人経営の小規模なものから、教室数が多く共通のカリキュラムを使う大手の塾まであります。大手の受験対策塾として知られるのが日能研、ＳＡＰＩＸ、早稲田アカデミー、四谷大塚などです。

こうした塾を利用しなければ中学受験でいい結果を得ることはできません。難関中の入試問題の多くは小学校の学習の延長線上にはなく、まったくの別物です。つまりどんなに学校の勉強ができても、中学受験には通用しないのです。

では、中学受験のための塾に行くのは何年生からがよいのかといえば、4年生からをおすすめします（実際に行きはじめるのは3年生の2月から）。

たしかに、大手の受験対策塾の多くで小学校1年生からの講座が用意されていますが、この内容というのは、いわゆる先取り学習とも違い、小学校受験（お受験）の延長線上にあるような問題が多いようです。算数は図形が多く、パズルとしてけっこう難しいものが多い。まだ学校の算数では数量関連で習っているものが少ないため、図形以外では難しい問題が多くはつくれないためでしょう。

大人が挑戦してもなかなか難しい問題が多いですが、**中学校の受験勉強につながるタイプのものではありません**。この時期は、家庭での基礎学習を中心にした生活がよいのではないかと考えています。親としては、少しでも早く受験対策を始めたいと考えるかもしれませんが、以下の理由からおすすめしていないのです。

塾では小学1年生のクラスでも成績表があり、偏差値も出ます。しかし、1年生から偏差値にとらわれ、さらに順位によってクラスが上がったり下がったりするのは、どう考えても早すぎます。こんな時期から競争原理で学習していくことを強いてはいけません。

こうした塾で出やすい弊害は、まずお母さんが非常に早い時期から成績にこだわるようになってしまうことです。わが子が成績優秀で、いつもトップクラスにいるならいいでしょう。しかしそんなお子さんはクラスに一人か二人。

「できる子もいるのねぇ」と笑っていられて、自分の子供と比較して焦ったり、子供にハッパをかけたりせずにいられるお母さんなら問題ありません。

でも、実際に「できる子」を目の当たりにすると、多くのお母さんは不安や焦りを感じてしまうのです。その結果どうなるかというと、1年生、2年生のうちから、「もっとがんばりなさい」「このやり方じゃダメ」「なんですぐにできないの」などのセリフがどんどん増えていくことになります。

子供はがんばっているのに、そこを認めてもらえない。ほめてもらう機会が減って笑顔も減る。お母さんは不機嫌になることが増える……。小学校低学年のうちからそんな不幸なことをしていたら、子供は確実に「勉強嫌い」になってしまいます。

一度勉強嫌いになってしまった子供を「勉強好き」にするのは、とても難しいのです。

しかも、小学校低学年という幼い時期に嫌いになったものをあとから修正するのは至難のワザです。

◎競争原理を押しつけて伸びる芽をつんでしまわないよう、子供なりにがんばっていることをねぎらってあげてください

「抜け駆け式」の先取り学習には危険がいっぱい

さらに、教育熱心なお母さんがしがちなことに「先取り学習」があります。これもまた、その後の学習に弊害が出てしまうことが多いのです。

先取り学習というのは、極端にいえば幼稚園のうちに小学校1年、2年の内容を教え込み、小学校2年で4年、5年生、小学校3年で6年の内容を教えてしまおうというものですが、**これは99%の子供にはやめたほうがいいでしょう。**繰り返し書いたとおり、子供は成長に合わせて、ふさわしい時期にふさわしいものを身につけることが必要なのです。

低学年でも、基礎訓練型の塾であれば取り組み方によっては有効です。計算などの基礎

をていねいに繰り返し行い、少しずつ正確に速くできるようにして、自然に先の学年の計算をやるというのはいいことです。ただ、これを子どもが「楽しい」と感じていることが重要なのです。もちろん塾ではプリントに花丸をつけたり、ほめたり、競わせたりして子供と親のモチベーションをつなぐ努力をしてくれます。だから親も塾に行かせているというだけでなんとなく満足するのではなく、「どういうやり方をしているか」に目を向ける必要があります。

塾の宿題も、「終わればいい」という姿勢でやっていないか気をつけなければなりません。いい加減なやり方が早い時期にクセになってしまうと、あとで直すことが難しくなります。この点をよく注意して、子供が余裕を持ってイヤがらずに続けていることが常に確認できれば、おすすめします。

しかし、それがこなせていても、**お母さんは「物足りない」「もっともっと」と考えないようにしなければなりません。**

「うちの子は計算も速いし学校の勉強もちゃんとやってるから、もっと難しいこともできるのでは」「中学受験をするかもしれないし、どうせなら早めにやったほうがあとで楽」

と考え、そこでいわゆる先取り学習をはじめてしまうケースです。要するに〝抜け駆け〟をさせようということです。

「子供のため」と思いながらも、親自身が安心したい、満足したい、優越感を感じたい、ちょっと見栄を張りたいという気持ちもあり、親の焦りや期待が抜け駆けを加速させてしまいます。でも、けっしてそれでいいことはありません。

小学校の低学年からどうしても塾に通わせたいのであれば、「受験対策塾」「先取り学習」「英才教育」ではなく、子供の自然な成長に沿って、ていねいに指導してくれる「音読型」「発言型」「基礎訓練型」の塾を探してみてはどうでしょうか。

1章で、子供の頭は〝9歳〜10歳の壁〟を越えて自分を客観視できないと、抽象的な事項を理解できないことはお伝えしました。ルール、公式、パターン、語句、順番などを記憶したり、素早く反復したりするようなことは訓練でできるようになります。しかし、この壁を乗り越えないまま学習を進めても、蓄えた知識を5、6年、中学生以上で活かすことはできません。

◎勉強の「促成栽培」には危険がいっぱい。
小3までに大事なことは「読み・書き・計算」です

中学受験で成功するには精神的な成熟が必要

9歳〜10歳ごろに自分を客観視しはじめると、少し表情が暗くなったり、反抗心が芽生えたりします。今の状況に対する疑問を感じたり、国語の教科書やテストに出る物語文の心情理解に「そうは思わない」と感じたりもします。また「イライラしている自分」「やらなければいけないことがあるのに、やりたくない自分」を客観的に見ることも、少しずつできるようになっていくでしょう。

こうした自分への違和感や親などへの反抗心は、そのあとの成長、学習にとって不可欠のものです。それが自分を客観視する能力の目覚めでもあるからです。これはその後の学習、社会的成長にとって欠かせません。

そして、この時期の子供は「自己肯定感」が少し弱くなります。それまでほとんどの子供は万能感を持っていて、基本的に自信満々。小学校低学年まで、子供のほとんどは「自分はできる子だ」と思っています。

それが10歳近くになって自分を客観視する視点を持ちはじめると、「自分より優秀な友達がいるんだな」ということに気づいたり、ちょっとした劣等感を感じたり、疑問を感じたりすることで万能感が薄れてきます。どんなに親がほめても、「そんなことない」といったり、「なんでお母さんにはわからないんだろう」と考えたりします。

実はここが非常に大切です。この時期を乗り越えると、子供の自己肯定感は再び強くなっていきます。多少凹んでも、変わらずに親が子供を認め、無駄に他者と比較したりせず、いつもがんばっていることをほめていれば、子供は「別にいつも一番でなくてもいい」「少しずつでも上がればいい」「がんばろう」と思うようになって、自己肯定感は再び強くなります。そして小さい成功体験を積み重ねながら「自分はやればできる」「自分にはやっぱり価値がある」という気持ちを新たに持って、学力も真の意味で伸びていきます。この時期子供は不機嫌になったり、表情が暗くなったり、親のいうことに逆らうようになりますが、「ああ9歳の壁にきたんだな」「成長しているんだ」と理解しましょう。「もっと前向きになれ」「しっかりしなさい」などという必要もありません。今までどおりに明るくつきあい、どんなに自信がなさそうでも、ネガティブなことをいっても、「あなたはできる子だよ」「大事な子だよ」ということだけいい続ければいい。通常はそれで子供は自己肯定感を取り戻すことができます。

9、10歳までに、この「自分はなんでもできる」「なんにでもなれる」という万能感や全能感が持てないと、早期の勉強嫌いになってしまう可能性があります。

また、逆に本来は9歳の壁にぶつかる時期に先取り学習などで万能感を持ったままでいると、高学年の学習でつまずいてしまうことが多いようです。国語の問題文の心情理解ができない、算数で自分のやり方に固執しすぎる、スピード重視、大量演習にばかり慣れて納得感がない、といったことが伸び悩みの原因にもなってしまうのです。

5、6年生になって初めて「できるはずなのにできない」「やっているのにできない」

という経験をすると、いきなり「どうせできない」「できる気がしない」と、「やる気のなさ」が表面に出てきてしまうことがあります。万能感や全能感だけで中学受験の塾に通ったりすると、クラスが下がっただけですごく気持ちが落ち込んでしまうこともあります。

だからこそ、親は10歳以前に競わせたり比較したりするより、**まず「あなたはかけがえのない人間だ」ということを子供に全力で伝えるべきなのです。**競争で伸ばそう、早く競争に慣れさせよう、というのは危険です。その意味でも早期教育や先取り学習などは不要であり、むしろ弊害が出やすいと私は考えています。

「全能感を持つ→9歳の壁で客観的な視点が育ち、いったん自信を失う→乗り越えてさらに成長する」。この過程が、子供には必要なのです。

◎挫折を経験した後も、「自分はかけがえのない人間だ」と思い続けられる子が成功します

基礎の前に「裏ワザ」を教えてはいけない

よかれと思って、お父さんが小学生の子に「方程式」を教えてしまうことがあります。「この方法を知ってると、こんな問題すぐできるぞ」「覚えておけ」と、便利なツールを与えたつもりでお父さんのほうは鼻高々なのですが、こういうことをすると本当にあとで学力が伸びなくなります。

「お父さんと私の体重を合わせると１１０kg。体重の差は35kgです。お父さんと私の体重はそれぞれ何キロですか」（和差算）

「きょうだいでトランプ遊びをしています。お兄さんが持っているカードは弟の2倍より4枚少ないです。お兄さんと弟のカードの合計は38枚。お兄さんと弟は何枚ずつカードを持っていますか」（倍数算）

たしかに、どちらも求めるふたつの数値をxとyにして、方程式を立てて計算すれば答えは出ます。

しかし、「なぜそうなるのか」を考えながら思考法を教えるのが、小学校3年生〜4年生という時期に必要なことです。**意味もわからず公式を覚え、思考法を学ばずに高学年になるとあっという間につまずいてしまいます。**

よくある例なので、くれぐれも注意してください。特に「理系に自信があるお父さん」は要注意。この時期の学習は、「楽をすること」「簡単に解くこと」「難しい問題ができること」を目的にすると大失敗します。

基礎がまったくできていない子に「裏ワザ」を教えるのは、塩、しょう油、砂糖などの調味料の味や働きを知らないうちに、すべての料理を「ドレッシング」「合わせ調味料」でつくることを教えるようなものといえばいいでしょうか。

高学年以降になってからの課題は、「酢がないときはなにで代用すればいいか」「しょう油と砂糖の割合を自分で決める」というようなものになるのに、「出来合いの調味料」の使い方を知っていてもなんの役にも立ちません。

逆に正しい思考法を身につけていれば、高学年の学習は高度である分、楽しいと感じるはずなのです。それでも灘や開成などの超一流中学に合格できる子はひと握りですが、中学、高校、そして大学に進学した後でも、〝後伸び〟が期待できるのです。

この本の読者の方は、漠然とでもお子さんの中学受験を考えている方が多いと思います。あらためて思い出していただきたいのですが、子供の人生の目標は「偏差値の高い中学に入ること」ではありません。段階を踏んで高度な学習を深めていける力を養い、社会人として幸せに生きていく力をつけ、将来の職業などの選択の幅、夢の範囲を広げてあげることです。

◎理解する快感を何度も味わうと応用力が身につきます
◎「楽をして解く」ことをはじめに教えてはいけません

そろばんは強い「武器」になる

私がよくおすすめしている習いごとのひとつは「そろばん」です。

そろばんは、暗算ができるようになるだけでなく、10進法の感覚が身につくという点でも小学生にとてもいい習い事だと感じています。目だけでなく耳を使い、しかも指先をよく使うことも子供の脳の自然な成長を助けてくれるのでしょう。「5」という数を指の感覚でつかむのがとてもいいのです。

習熟するにつれて級が上がっていくのも励みになります。ただ、ここでも親は級が上がるのが遅いことを気にしたり、叱ったりしないでください。順調に続けていくと3、4年で3級がとれる実力がつきますが、これは練習量にもよるし個人差もあります。3級がとれなくても、10進法の概念をしっかり身につけられるだけでもいいことです。

中学受験などに役立つかということになると、確実にそう言い切れるのは1級を持っている場合です。役立つのはもちろん暗算力。1級の暗算は3桁の掛け算が一瞬でできるレベルなので、たとえば円周率「3・14」の掛け算で時間をとられることも間違えることもありません。

ただ、級があまり上がらなくても小学校低学年の習い事として悪いことはなにもないので、いい教室が近くにあったら検討してみてもいいでしょう。

公文式などの計算プリントの宿題を乱暴にやるよりとてもいいことです。

◎もし小5までに1級がとれたら、円周率を使うかけ算も一瞬です

子供がイヤがる習い事はさっさとやめさせる

スイミング、サッカー、野球、バレエ、ピアノ、ヴァイオリン、習字にダンス、そろば

ん……。習い事といわれるものは数え切れないほどあります。お母さんにとっては悩みのタネですが、どんな時期になにをさせたらいいのかということに「正解」はありません。

スポーツや音楽については、親の希望より、まずは「子供がやりたがっているかどうか」を基準にしてください。見学や体験に行ったとき、子供が楽しそうで「自分もやりたい」「もっとやってみたい」という様子を見せているものです。

そして最初はあまり欲張らず、ひとつだけからはじめてはいかがでしょうか？「どんな才能があるかわからないのだから、できるだけいろいろな経験を」などと考えて、あまりあれこれかけ持ちさせない方がいいでしょう。

幼いころの習い事というのは、基本的に体をよく動かして健康な体に育つように、情操も豊かになるように、という視点からのものです。もちろん習い事を続けるなかで、先生やコーチの指示にしたがって上達する喜び、競い合う充実感、チームワークの大切さなども知るでしょう。集中力、忍耐力、向上心なども育んでくれます。

とはいえ、これに親の意識が介入しすぎると、勉強と同じように「スイミングのクラスがなかなか上がらない」「自宅でピアノの練習をしようとしない」「サッカーでレギュラーになれない」などの理由で子供を叱ることになりかねません。実際に、そうなるケースが非常に多いのです。

習い事にまで競争原理を持ち込み、親が介入しすぎるのはあまり得策ではありません。サッカーの技術もピアノの技法もコーチや先生にまかせて、親はただ見守って、励まし、ほめるだけでいいのです。必要以上にライバル心をあおる必要はありません。

そして本人が「どうしてもイヤだ」というのなら、さっさとやめさせてください。

親が熱心になりすぎていると、本心ではとても行きたくないのに子供は「やめたい」と親に言い出せないこともあります。「やめたいの?」と聞いても「やめない」というので続けさせた場合でも、子供にしてみれば「やめたい」と答えたら叱られると思って本心をいわないことがあるのです。

親にすれば、「自分でやりたいっていったのに!」「はじめたことは最後まで続けなさい!」といいたくなります。さらに、「ここで諦めさせないほうが子供のためではないか」と考えるかもしれませんが、そもそも、**習い事などやらなくても別にかまわないものなの**

です。あまり考えすぎず、「子供がイヤがっている」「負担になっている」と思ったらしばらく休ませるか、キッパリやめさせてください。どうしてもまたやりたくなったら、自分からそう言い出すはずです。

ただ、中学受験をする場合、サッカーや野球などの団体競技で練習や試合が多いものは、どうしても6年生になったら中断せざるを得なくなります。中学受験の準備と並行させることが時間的、体力的に無理になるからです。子供にとってはまだ関係ないことでしょうが、一応少しだけ心に留めておいてください。

一方、勉強が忙しくなっても自分のペースで続けられ、将来的にも趣味としてずっと楽しめるのはスイミング、ピアノ、ダンスあたりでしょう。

スイミングにしても、非常に優れた素質があれば競技者を目指すこともあるでしょうが、泳ぐことが好きになれば健康にいいことはもちろん、勉強で忙しい時期にそれが気分転換、リラックス、運動不足の解消につながります。別にタイムを縮めようとか、大会で入賞しなくては、ライバルに勝たなくては、というようなプレッシャーなしで、楽しく続けられればそれに越したことはありません。

◎「はじめてみて楽しそうだったら続ける。イヤがっていれば無理強いしない」を原則にしてください

習い事はあまり増やしすぎない

習い事の回数についてもよく質問を受けますが、小学校低学年の場合、種類にもよりますがどんなに多くても「週5」が限界です。驚かれる方が多いかもしれませんが、小学校低学年で1日にふたつもの習い事を掛け持ちして、週6日で7つも8つも習い事をしている子もいるのです。公文式、英語教室、ピアノ、ダンス、和太鼓、スイミング、さらに習字と、大人でもびっくりするようなスケジュールになっている場合があります。

こうなると、たとえば「月曜と水曜に公文」「木曜はスイミング」「土曜はピアノとダンス」というスケジュールになり、子供の体力の限界を超えてしまいます。

習い事は子供にとっても知らず知らずのうちに負担になり、親も送迎などで体力的、時間的な負担が増え、さらに経済的な負担も重くなります。

選ぶときは、以下の点をよくチェックしてください。

- ・乳幼児期からの「英才教育」にとらわれない
- ・「人より早くはじめると有利」と早期教育に走らない
- ・子供が「好き」で「得意」で「やりたい」ものを選ぶ
- ・子供の体力をよく見きわめる
- ・「送迎」「親が参加しなくてはいけないこと」がどれくらいあるか
- ・「友達がやっているから」で安易に参加させない
- ・必ず子供を連れて見学し、可能なら体験させる
- ・行くのをイヤがったら、すぐやめさせるつもりでいる
- ・目先の成果にあまり期待しない

なお、**「無料体験」のようなものに参加するのはとても大事です。**しかし、これは塾や家庭教師なども同じですが、体験で教えてくれた先生が入会後も担当してくれるかどうかはわかりません。幼い子供が「この先生とならやりたい」と思っていても、別の先生だとイヤになってしまうこともあるので注意してください。

「ママ友」のおつきあいに引きずられて自分の子供の習い事を決めるのも考えものです。子供の力に差がついてきたとき、不要な親同士のライバル心が芽生えて子供そっちのけのトラブルになったり、子供がやめたいと言い出してもやめさせにくくなったりするという話もあります。

本来の目的はなにか、本当に子供は楽しんでいるか。この点をしっかり考えてからはじめるようにしましょう。

◎習い事が多すぎると、「やらされ感」が強くなることも
◎「好き」で「得意」で「やりたい」ことから選んでください

4章

「はじめての勉強」が
その後の成績を左右する

頭はいいのに伸び悩むのには理由がある

親から見て、子供のカンのよさ、飲み込みのよさというのはとても頼もしく、好ましいものです。幼稚園のころから「わかった!」「できた!」「簡単!」という言葉を発する子はたいへん優秀で、この先なんの心配もないのではないかと感じられます。お母さんも「ウチの子、天才かも」とうれしくなってしまうことでしょう。実際、そうした子は頭の回転が速く、記憶力もよく、反射神経に優れています。

ただ、ちょっとだけ注意してほしいのは、こうした力だけでその後も伸び続けていくことはできないことです。たとえば小学校4、5年生になって「難しいことを理解できる頭は持っているのになぜか伸びない」というとき、伸び悩む子の反応を見ると、だいたい**「わかった!」といってから作業に取り組むまでの時間があまりにも短いのです。**

「こうやって解くんだよ」と教えたとき「あっ、なるほど」とちゃんと驚き、「それならできそうだ」という自信を持った表情を見せてから、「よし、これで試してみよう」と鉛筆を動かしはじめるまで1秒にも満たない短い時間ですが、タイムラグがある子のほうが伸びやすいのです。

たしかに、受験勉強では短い時間にたくさんの問題を解く必要があります。中学受験を目指す場合だと、小学校中学年以降はスピードも求められます。その意味でも、そろばんで暗算が正確に速くできると計算の負担が減るため有利です。

ただし、計算問題だけがどれだけ速く正確にできても、それだけで難関中学に合格することはできません。難しい問題にじっくり取り組むには、暗算のような技術や、見ただけでなんとなくわかるといった反射ではないものが求められるのです。

カンのいい子は、小学校3年生くらいまでの勉強は「だいたいこうだろう」と予測して、正解にたどりつけます。ところが、ここでも「9歳の壁」にぶつかることが多いのです。つまり、「他者のアドバイスを聞く」「自分が思いついたことを一度客観的に俯瞰する」というメタ認知能力が身についていないと、「立ち止まる」「客観的に見直す」ということができないのです。

そして、本当の意味で「わかる」という楽しみをそれまでの経験で得ていないとしたら、それは大きな問題です。「なるほど！」「そうなんだ！」と深く納得して、それがうれしいこと、楽しいことだという感覚がないと、なにもかも機械的に処理して「早く終わらせよう」と考えてしまいます。

すると問題を解くことの納得感やうれしさがないため、文字や数字、図形をていねいに書くのが面倒になります。面倒で式も書かずに答えを出そうとするため、あとで見直してもどこで間違ったのか、自分はどう考えようとしたのかをたどることができないのです。

◎「カンのよさ」だけで成績は伸びません。
じっくり考える力も非常に大切です

正しい鉛筆の持ち方は親が教える

幼稚園、低学年の学習で大切なのは、知育ドリルであれ、小1の宿題であれ、早く終えることを目的にするのではなく、親子でじっくりとていねいに向き合いながら進めていくということです。

そのためにまずやっておきたいのは、「鉛筆の持ち方」と「正しい姿勢」を身につけさせることです。やっとクレヨンを握って、画用紙にぐるぐると線を描きはじめたようなころはまだ気にする必要はありませんが、鉛筆を持つようになったら正しい持ち方を教えてあげてください。お箸の使い方は鉛筆以上に難しいため、子供用に親指が入る輪がついたものまであり、親も持ち方を教えようとします。その結果、最初は2本の箸を握ってコロッケを突き刺している子でも、ずっとそのままということはありません。

しかし鉛筆の場合、自己流でも「書けているならいい」「本人が書きやすいならいい」となりがちです。習字では筆をちゃんと持てているのに、鉛筆は非常に変則的な持ち方をする子もいます。そもそも字が上手な子はだいたい鉛筆の持ち方も上手で、姿勢もきちんとしていることが多いものです。

字が下手だからといってすぐに成績には影響するわけではありませんが、勉強が高度に

なると悪影響が出てきたり、不利になったりすることが多々あります。

特に最近、親指を握り込むような持ち方の人が増えています。持ち方が悪い子は手や指が疲れやすいため、長い文章を書くことをイヤがります。これは記述式問題の練習ではとても不利です。また、持ち方が悪いと自分が書いたばかりの文字が見にくく、ノートを無理に傾けるようになり、その結果どんどん算数の式の行頭が右に寄っていく、ということも起こります。

たとえ持ち方は正しくても、とにかく速く答えを書くという習慣がついてしまうと、当然文字は雑になります。算数では式や筆算はもちろん、問題文のなかで気づいたことをメモする、わかっている数値を図に書き込むことも必要になります。あとから見直して自分の文字や数字が読めない、読み間違える、どこで間違えたのかわからず最初からやり直しになるということが多発すると、成績にも影響します。

鉛筆を持ちはじめたら、最初はやわらかい芯のもので正しい持ち方を教えてください。

答案用紙は右目（右ききの場合）の前にまっすぐに置き、背中を丸めずに書くようにしま

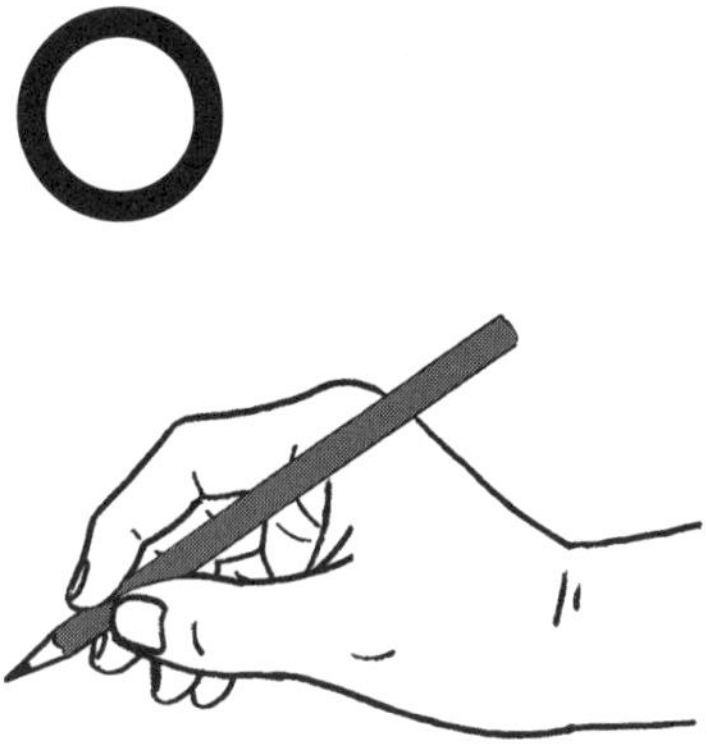

正しいもち方

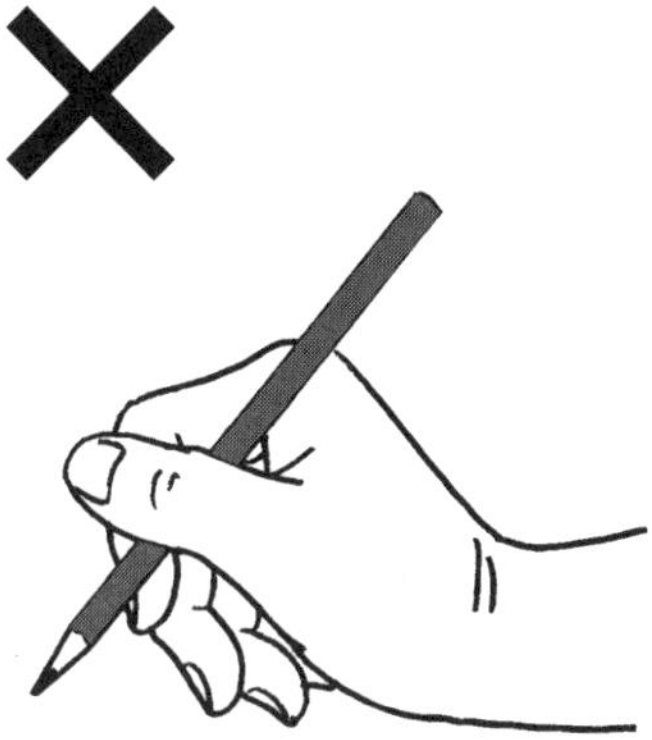

親指と人差し指だけでもっている

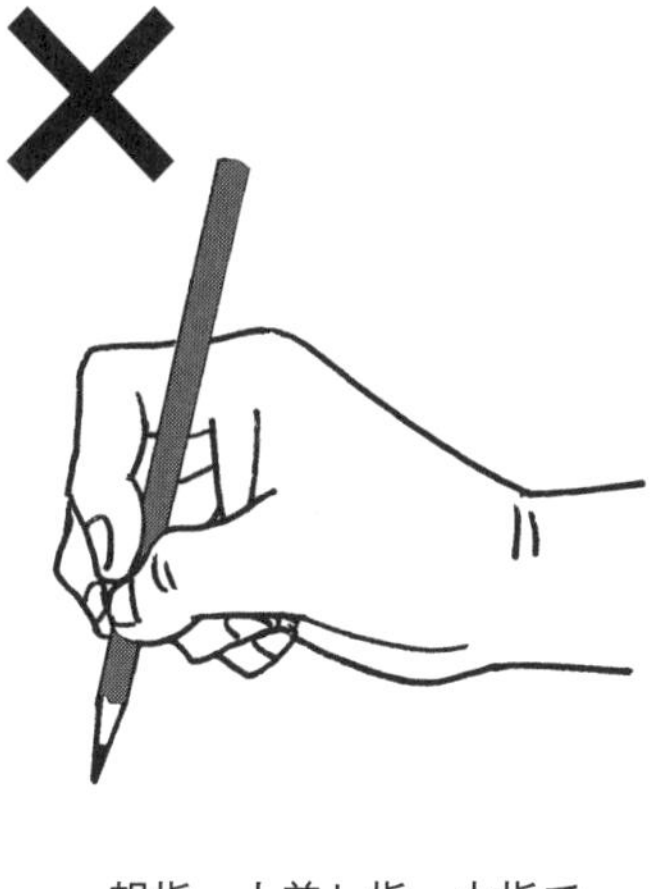

親指、人差し指、中指で
握り、立ててもっている

指で握り込むようにもっている

しょう。悪い姿勢はすぐクセになってしまうので、ぜひ家庭で習慣づけてあげてください。

こうしたことは、塾や学校ではなかなかていねいに指導できません。やはり毎日の遊びや宿題のなかで、少しずつ教えてあげることが一番大事です。

最初から文字の書き方を教えるのではなく、まずは遊びながらまっすぐに線を引く練習、ぐるぐる渦巻きを書く練習、波型や円などを書く練習からはじめましょう。これを1日2日で終わらせず、まずは「鉛筆の持ち方と扱い方」にじっくり慣れてから、少しずつ文字を覚えていきましょう。

鉛筆が自由に使えるようになっていると、文字の覚えもスムーズになります。

◎正しく鉛筆を持てる子がますます減っています。

鉛筆を使い始めたときにしっかり指導してください

子供部屋で勉強させないほうがいい理由

子供部屋があっても「お絵かきは必ず子供部屋でひとりでやりなさい」という人はあまりいないでしょう。むしろ、リビングやダイニングのテーブルでお母さんと一緒に描くのが普通です。幼稚園くらいになればお絵かきでひとり遊びする子もいますが、多くの場合は親の目の届くところで遊ぶことが多いのではないでしょうか。

お母さんの「うまく描けたね」というほめ言葉に喜び、「こっちの人はなにをしてるのかな」という問いかけに絵を説明したり、「今度はお友だちの顔も描いて見せてね」といった言葉に張り切ったりします。

文字などを覚えるときも、同じようにリビングでお母さんと一緒にするのが一番いいと思います。

「文字は幼児教室で教えてもらおう」などと最初から考えないようにしましょう。本来は参考書など不要ですが、市販のものでもいろいろ工夫された楽しいものがあります。就学前に文字に親しませたいなら、1冊買い求めて子供と楽しみながらやってください。

文字を覚えることはいわゆる勉強ではありません。文字には意味と決まりがあり、覚えることで言葉や文字とモノ、そして描いた絵が一致することがはっきり理解できるようになってきます。やがて、自分で描いた「お母さんの顔」のそばに、「おかあさん」と書くようになるでしょう。

そうして小学校に入学すると、多くのご家庭では子供部屋（というより勉強部屋）を用意しなくては、と考えます。学習机を買ってそこで勉強してほしいと願うのです。

でも、私は子供部屋自体が必須のものではないと思っています。子供部屋はあってもいいのですが、あくまで荷物、着替えとベッドを置いた寝室という扱いです。

おすすめしたいのは「リビング学習」。中学受験に挑戦する場合でも、**小学生の間は家族（特にお母さん）の目の届く場所で自宅学習をするのが一番です。**私が家庭教師に行く場合も、必ずリビングかダイニングで、お母さんも同席してもらいつつ指導します。

リビング学習は小学校1年生になってからの「初めての宿題」から、ずっと続けてください。それまでのお絵かき遊びと変わらない、ということです。

リビングやダイニングのテーブルのほうが学習机より広く、辞書や図鑑を広げたり、大きな地図を広げることもできます。つきっきりではなくても、お母さんは家事をしながら様子を見たり、声をかけて会話をすることが可能です。

「集中できないのでは」と心配するかもしれませんが、むしろおもちゃやマンガなどの誘惑が多く、母親の目がない子供部屋よりも集中できるのです。

多くのご家庭では、宿題が出るようになるとはじめはしっかり面倒を見てあげますが、やがてそれがおろそかになってしまうようです。いずれは自律的に勉強する習慣を身につけさせることが目標になりますが、しっかりていねいに学習する習慣が身につくまでは、お子さんにつき合ってあげてほしいのです。

そのためにも、ダイニングテーブルでの勉強をおすすめします。お母さんの隣できちんと勉強ができるようになってはじめて、だんだん距離をとるようにしていきます。

お母さんがカウンターの向こうで夕食の準備をしていて、ダイニングテーブルでお子さんが宿題をしている。小学校2年生のうちにそんな状態になることが理想です。

◎お母さんの気配を感じながらダイニングテーブルで
勉強する方が、能率は上がります

宿題は終わらせることを目的にしない

「子供の宿題」でなにが一番大切かというと、「終わらせること」ではなく「どのようにやったか」です。学校の先生も「宿題はやってあればよし」とすることが多く、「やり方」までていねいには見られない場合もあります。

「きちんと問題文を読んでいるか」
「字や数字をできるだけていねいに書こうとしているか」

「鉛筆を正しく持てているか」
「ノートを体の前にまっすぐに置いているか」
「授業の内容をよく理解し、宿題でなにをすればいいかわかっているか」

これらのことを、隣で見守りながら観察し、教えてください。

早くやらせよう、もっと難しいことをさせようなどとはせず、**最初はていねいにするのが大切だということだけを教え、毎回ほめてあげてください。**

勉強に慣れて余裕ができてきたようなら、教科書の進み方に則した問題集を買ってきて、やってみるのもいいかと思います。ただ、小学生の家庭学習時間は算数、国語それぞれ「10分×学年」程度が基本。小学校1年なら算数、国語合わせて20分で、問題集を加えてもせいぜい30分まで。一般的にそれが集中力の限界なのです。けっして欲張りすぎないようにしてください。

また、添削指導をしてくれる通信教育については、小学生の段階でははじめからひとりでやらせるのは無理だと考えてください。やる場合は宿題と同じように親がきちんとつき合って、なにをどうやっているのか見てあげる必要があります。

「赤ペン先生」は親の代わりにはなってくれません。

◎〝やっつけ〟で宿題をやると、「読みとりミス」「計算ミス」「勘違い」が多発することになってしまいます

親の「やりなさい！」が子供のやる気をますますなくす

同時に、宿題は学校生活の延長として、帰宅後にすぐとりかかる「クセ」をつけてしまうといいでしょう。短時間でできる低学年のうちに「まず宿題」がクセになっていると、その後がとてもスムーズです。

そのためには、「宿題はイヤなものだ」という意識を早々と植えつけないことが肝心です。宿題をお母さんと一緒にやると必ず怒られる、宿題に加えて大量の問題集をやらなければならない……。こうしたことがあると当然やりたくなくなり、「あとで」というよう

になります。するとお母さんはイライラして、「早くやりなさい」「いつやるの？」「イヤなことは先に片づけなさい」などということとなり、ていねいにやるどころか「とにかく終わればいい」となってしまいます。

重要なのはスタート時点。**別に「イヤなもの」ではないし、終わるとほめてくれるもの、という意識を最初に持たせてしまいましょう。**習い事があるときでも帰宅したらまず宿題を終わらせ、それから出かけるようにしてください。受験のために塾に通い始める4年生以降でも、学校の宿題を必ず先にやるという習慣をそのまま続けることが大事です。

それでも子供が宿題をやりたがらなかったり、苦手な科目をイヤがったりしているときは、やはり「言葉」が大切です。

ただ「やりなさい」といい続けても、ますます子供はイヤがるだけ。勉強がイヤだというより、「お母さんのその言い方がイヤ」「表情がイヤ」という気持ちが強くなっていることが多いのです。大人は「叱られたくないなら、さっさと宿題をやればいいじゃないか」と思いますが、子供はそうは考えません。

実際、イヤイヤながらやり終えても別にほめられることもなく、「なんで毎日やらないの」「明日はもっと早くはじめなさい」と、さらに怒られたりする始末。

子供にとっての最大のごほうびは、なんといってもお母さんのほめ言葉です。「オモチャを買ってあげる」などといったごほうびは、本当に一時的なものにすぎません。

宿題だったら、とにかくなんとか取り組んで終わらせることができたら、まずはねぎらってあげてください。「よくがんばったね」「苦手といってたのにちゃんとできたね」「えらい!」とただ、ねぎらい、ほめてあげるだけです。

くれぐれも、「なんでいつもこうしないの」「明日も必ずやりなさい」などといわないこと。親子とも気持ちよく、「よかったよかった!」と笑顔で晩ゴハンを食べてください。

こうしたことを続けていくのが一番です。

◎宿題をやっていればほめる。宿題を終わらせたらほめる。
これが子供へのごほうびです

子供の「やる気」をどう引き出すか

また、苦手意識を持っている教科については、「ピーマン嫌い」と同じだと考えてみましょう。食べ物の好き嫌いを克服させるには、いくつか方法があります。ひとつは強制的に食べさせる、食べるまで許さない方法。もうひとつは「ごまかす」方法です。

昔は最初の方法がほとんどでした。さらに嫌いになるケースもありますが、うまくいくこともあります。「とにかく食べてみよう」「がんばれ」「一口でいい」と、おだてたりすかしたり励ましたりしながら、無理にでも食べさせてしまって食べたら盛大にほめる。「ほら、食べられるじゃない」「意外と大丈夫だったでしょ」「すごいすごい」「けっこうおいしかったでしょ」などといっているうちに、「おいしかったのかもしれない」「それほどまずくなかった」と子供が感じてくれるケースもけっこうあります。

もうひとつの方法は、小さく刻んで混ぜてしまう、すりおろしてスープにしてしまう、煮込んでしまう、などでごまかして食べさせてしまう方法です。人参などは、すりおろせばほとんどの子供が食べてしまいます。

また、実際に苦手な野菜を一緒に「育てる」「収穫する」といった体験をさせて、自分でつくったものはおいしい、とれたてはおいしい、と感じさせることも有効でしょう。

勉強の苦手も人参と同じように考えて、**まず「なぜ嫌いなのか」「どうしてイヤだと思うのか」を分析してみてください。**算数などの場合は、どこかの単元でつまずき、そのあとがわからなくなったせいで嫌いなこともあります。また、国語は「たくさん文字を書くのが面倒でイヤだから」ということもあります。

こうした原因がはっきりしている場合は、ピンポイントでそこを補強すればたいていは解決します。文字を書くのが面倒、イヤだという場合は、鉛筆の持ち方がよくないせいですぐ疲れてしまう、うまく書けないことが原因になっている場合もあります。

また算数は、家でやる分量が多いことが「イヤ」の最大の原因になりえます。そういう場合は、まず学校の宿題だけをていねいにやるようにしてみてください。

ただ、実際には理由がはっきりしないこともたくさんあります。一番多いのが、「やる気が出ない」というもの。そしてその理由は、ほとんどが「やってもできる気がしない」というものです。「どうせ」という気分になってしまうとやる気は出ません。やってもできない、時間がかかる、結局叱られるとなれば、それも当然でしょう。

たとえば、やってないプリントがたまっている、終わるはずだった問題集が進んでいない、どこがわからないのかがわからない……。このようなときは、山積みになっていたプリントを、いったん「なし」にしてしまうという手もあります。実際、私も親御さんと相談のうえで、たまった塾のプリントを子供の目の前で捨ててしまったことがあります。

子供は本当にうれしそうで、すべての重荷から解放されたような表情を見せます。そこがチャンス。今度は一緒に話し合って、無理のない計画を立て、自分から実行していけるようにうながしていくのです。こうした「再スタート」で、子供のやる気がしない気持ちを取り払ってあげることもできます。

◎勉強内容の好き嫌いは偏食と同じです。もし嫌いになってしまったら、「意外に面白い」と思わせる工夫を

小さな目標をクリアさせることが大きな成果になる

大きな目標を掲げすぎず、小さい目標を少しずつ設定して、それを乗り越えるたびにほめて成功体験を毎日積み上げる。このような方法も非常に有効です。

改善してほしいところがたくさんあっても、まずはひとつに絞りましょう。

たとえば「すぐに宿題をしない」という問題を解決したいと感じていたら、1週間以上の計画を立てて、初日は帰宅した子供に「今日の宿題はなにが出た？　何分くらいで終わりそう？　がんばってね」とだけ声をかけます。「早くしなさい」「いつからはじめるの？」といったことはいわずにおきましょう。

子供は必ず宿題のことを気にはしているわけですから、そのままでもいいのです。翌日の帰宅後、子供がいつもどおりなかなか宿題をはじめていないようなら、「何時ごろからはじめられそう？」と声をかけます。子供が「5時ごろ」と答えて実際には7時にはじめていたとしても、それを叱らずにおきます。

そのうち、子供がいつもより少し早めの6時に宿題をはじめようとしたら、「いつもよりすごく早くなったね。えらいね」「がんばって」とほめます。学校から帰ってすぐ宿題をはじめた日があったら、それをほめてあげて、2日続けば「2日も続いたね！」とさらにほめる。「三日坊主」になったとしても、「3日も続いたらたいしたものよ」とほめればいいのです。

それでも、振り返ってみれば少しずつでも子供が自分から宿題をはじめる時間が早くなっているはずです。「優先課題」に取り組んでいるときは、極力ほかのことに対して文句や小言をいわないのが作戦成功のコツです。

親にしてみれば、子供を思えばこそあれもこれもが気になり、文句をいいたくなる気持ちを抑えるのが難しいかもしれません。でも、こういう作戦でうまく子供を乗せてしまえばいいんだ、と考えてみてください。

子供は「小さな目標」や「小さな階段」を上がるごとにほめられると充実感を味わい、

次の階段、また次の階段と上っていきます。とても到達できそうにない山の頂を目指せといわれるより、まずは「がんばれば行けそう」な目標を目指し、小さな成功体験を味わうことで高い場所に到達することができます。

九九を覚えるときも、すべての段の表を見せて「さあ全部覚えなさい」といっても、子供はとても無理だと感じるでしょう。でも、「今日は2の段だけやってみよう」「来週は3の段」と少しずつクリアしていけば、最終的に全部覚えることができます。これは、もっと高学年になって高度な学習をするときや、受験のために塾に通っているときにも非常に大切です。

お母さんは、まずがんばっている子供を認めてあげてください。いつも同じ言葉だとしても、ほめるときは必ず言葉で伝えてあげること。間違っても、「やって当然」「できるのが当たり前」などとは思わないことです。

◎「ちょっとがんばればできそう」と思える低い階段を設定すれば、子供は動きます

最大のごほうびはお母さんの笑顔と自分の「納得感」

「このページまで宿題を終わらせたら○○を買ってあげる」「○点とれたら、○○を買ってあげる」というように、モノで釣るという方法があります。しかし、その効果が長続きすることはありません。

そして、これを続けても勉強嫌いが直ることは絶対にないのです。**人間は、本当に自分で納得したという快感を味わうことなく、嫌いなものを好きになることはないですし、自分から進んで取り組むこともないのです。**

「勉強するとオモチャを買ってもらえる」という状態が続くと、子供はすぐにそれに慣れて、喜ぶことさえなくなります。母親が毎日食事をつくってくれるのと同じ程度にしか感じなくなるでしょう。アメリカで「ごほうび」と「やる気」について調査をしたところ、ごほうびがモノだった場合、最も早くその効果がなくなるという結果が出たそうです。

むしろ、「親からほめられること」「親の笑顔」「抱きしめられること」「頭をなでてもらうこと」のほうがずっと効果があります。小学校中学年以降だと、「わかった！」「なるほど！」という知的好奇心が満たされて快感を感じることが、やる気につながります。「理解できたとき」「納得したとき」に脳内でドーパミンという物質が出て、それが気分のよさ、うれしさになる。しかも、この快感はモノと違って効果が減るわけではなく、むしろ中毒性があります。だから「もっと知りたい」「もっといろいろなものに興味を持とう」と作用するのです。

低学年はまず親のほめ言葉と笑顔、そして中学年以降はそれに加えて本人の納得感がやる気のもとだといえます。

高学年で本人が納得感を得ながら学習を進めていくためにも、それ以前に親子の温かい絆を強め、お互いに楽しい日常をすごしてください。当たり前のことのようですが、それが本当になにより代えがたいことで、しかもあとから取り戻すことが難しいのです。私は、中学受験の過酷な現実に挑む親子に毎日接していますが、このことを本当に切実に感じています。

難問に四苦八苦しながらも、「がんばってる自分って悪くない」「それをお母さんが喜んでくれているからうれしい」。子どもにはそれがすべてなのです。

◎子供のやる気を一番高めるのは、「なるほど!」「そうか!」という快感です

5章

この「読書習慣」がすべての教科を伸ばしてくれる

「読み聞かせ」が本の楽しさの入り口になる

子供の成長と学力の伸びにとって、「読むこと」の大切さはここまで繰り返しお話ししてきましたが、あらためて年代に応じた本とのつきあい方を記しておきます。

乳幼児期の絵本はほとんどが絵ですが、だんだん文字が増えて絵が少なくなり、いろいろな情景をイメージできるようになるにつれて、文字だけのものに移行していきます。これは必ずしも段階を追って進んでいくわけではなく、文字ばかりの本と絵本を同期に楽しむことも当然あります。

最初は、子供と一緒に絵本そのものを楽しんでください。子供にとって、絵本というのはなかにいろいろ面白そうな絵が描いてある、いろんな色がある、お母さんと一緒に見ると楽しい、というのが最初の体験でしょう。表紙を見て「なんだろう」「なかはどうなってるのかな」と楽しみにしながらページをめくっていくと、次々に楽しそうな絵が続いていく。そのような体験そのものを楽しむだけで十分です。

そのうち絵本には「おはなし」がついていて、物語になっていることがわかってきます。お母さんでもお父さんでもかまいません。絵本を楽しめるようになったら、ぜひ「読み聞かせ」をたくさんしてあげてください。ときどき、お父さんとお母さんが交代するといいかもしれません。動物がたくさん出てくる絵本は「鳴きマネ」の得意なお父さんが担当する、なんていうのもいいかもしれません。

寝る前の時間を「読み聞かせ」にあてているお宅はたくさんあると思いますが、いい時間の使い方ですね。

子供が知らない単語が出てきても、あまり読みながら説明を加えたりせず、リズムをくずさずに読んだほうがいいでしょう。せいぜい絵を指差す程度で十分です。「セリフ」は、ちょっと俳優さんのマネをしてそれらしく読みましょう。また、静かなシーン、悲しいシーンは小さな声でゆっくりと。にぎやかで楽しいシーンはスピードも少し上げて元気よく、というように抑揚をつけてください。続けていくうちに、お父さんもお母さんもどんどん読み聞かせが上手くなっていきます。

図書館や児童館などで「読み聞かせ」のイベントをやっていたら、子供と一緒に出かけて上手な読み手をマネをしてみてもいいと思います。

といっても、**上手く読もうと技術にこだわったりする必要はありません。親が読み聞かせを楽しみ、子供も楽しんでいることがなにより大切です。**

子供は、自分で読めるようになっても読み聞かせをせがみます。「もう自分で読めるでしょ！」などとはいわず、時間が許す限りいくらでも読んであげてください。読み聞かせは親子の大切なコミュニケーションです。

童話ばかりでなく、年齢によっては「落語」や「伝記」「本当にあったお話」(子供向けのノンフィクション)などもいいでしょう。一緒に図書館や書店に出かけて、「今度はなにを読もうか」と本を選ぶ楽しみも教えてください。

幼稚園くらいになったら、絵本コーナー以外にもおもしろい本がたくさんあることを教えてあげてください。図鑑やイラスト百科などは読み聞かせには向かないかもしれませんが、親子で読むと楽しい時間になります。

◎親が楽しい表情で読み聞かせをしてあげれば、
子供の言葉への興味も高まり、本好きになります

すべての教科に好影響を与える「音読」のススメ

幼稚園の年長あたりになると、文字を読むことが好きな子は音読をはじめます。ときどき「じゃあ、今日はお母さんに絵本を読んで聞かせて」という日があってもいいですね。

小1になると、国語の時間に音読の宿題が出るようになります。このとき、いくらたどたどしくてもつっかえても先を急がせず、また、あまり口うるさく間違えを直さず聞いてあげてください。音読というのは、1年生で卒業するものではありません。中学年、高学年、いや中学生になってもぜひ続けてほしい習慣です。

好きな童話でも教科書でも、中学年以上なら新聞でもかまいません。

音読や暗唱の大切さ、楽しさはミリオンセラーになった『声に出して読みたい日本語』（草思社）の著者で、教育学者の齋藤孝先生が書いているとおりです。声に出すことで、子供は日本語のリズムを体で知り、全身で書かれたものを受け止めることができます。読み方を工夫することで書かれている心情を理解することにつながり、どこで区切るかを考えたりすることで文章の論理的な構造を理解できます。

また、スムーズに音読するには読みながら同時にその先を目で追う必要があり、それによって周辺視野を意識する力が鍛えられます。意識を一点だけに集中するのではなく、その周囲の情報も視覚から取り入れられるようになるということです。

こうした力は学校の国語に役立つだけでなく、全科目の力を大きく伸ばしてくれます。

算数の文章問題が苦手な子は少なくありませんが、そのほとんどが問題文を読んでいるようであまり読めていません。「3行の壁」という言葉があるのですが、文章問題の問題文が3行を超えると、とたんにできなくなってしまうということが起こるのです。内容以前に、3行以上あるというだけで頭が拒否反応を示し、「できる気がしない」と感じて手をつけるのもイヤになってしまうのです。

ところが、こうした子に「声に出して問題文をゆっくり読んでごらん」とうながすと、半分以上の子は問題文を音読しただけで「あっ、わかった」と自分で解いてしまいます。

小学校低学年から音読の習慣があると、この「3行の壁」はすぐ越えることができます（というより、あまり壁にぶつからないでしょう）。

大人でも、一度黙読してよく理解できない文章をあえて口に出して読んでみることがあります。子供はまず音読で読みはじめて、やがて「黙読」ができるようになっていきますが、音読を続けていると黙読時の読解力も高くなっていきます。語感が鋭くなり、文節での理解ができるようになって、助詞の使い方も正確にわかるようになるのです。音読は、こうした「日本語力」「国語力」を育ててくれます。

もちろん国語の読解にも直結しますが、前述した算数の文章問題、さらに理科や社会の問題文を読み解くのにもとても役に立ちます。

理科も社会も暗記だけで乗り切れると思っているお母さんが多いのですが、これは大きな間違いです。もちろん暗記すべき事項もありますが、中学入試の問題を見ると「これって国語の問題?」と思うほど長文の問題文が並びます。音読による日本語力の強化は、勉強にはもちろん、社会人になっても必ず役に立ちます。

ぜひお母さん、お父さんは子供と一緒に音読を楽しんでください。

◎「言葉のリズムがわかる」「読み飛ばしのミスが減る」「黙読の読解力が高まる」など、音読の効果はたくさんあります

問題文を読みながら「情景」をイメージできるか

読むものはなんでもかまいません。低学年向けに私がおすすめしたいのは「速音読」と「普通の音読」で、これを組み合わせるのがベスト。通常の音読は、内容に合わせて読む速度に緩急をつけ、抑揚に注意して読みます。一方の速音読はあまり抑揚をつけず、発音だけはハキハキとしてなるべくスピードを上げ、文字や行を飛ばさないようにして読むと

いう方法です。

童話や文学作品などは通常の音読で、感情を込めて読みましょう。海の描写なら波の音や匂い、広がっている情景を想像しながら、また主人公の気持ちを考えながら読むことが大切です。**「情景」と「心情」は、しばしば結びついた形で描かれます。**

実は、これを理解できるかどうかが中学入試では大きなポイントです。情景や心情を味わいつつ理解していると、読書そのものが楽しくなるだけでなく、受験にも役立つのです。もうひとつ、情景を思い浮かべて読むことを楽しむためには、読み聞かせや音読のあとで絵を描いてみるという方法もあります。特にお絵描きが好きな子にはおすすめです。

文章に書かれた内容を頭のなかで情景として想像できていると、算数、理科などの問題文の理解もたやすくなります。「コップに入っている水のうち、20mℓを隣のコップに移す」という記述があった場合、「コップに水が入った様子」をすぐ思い浮かべることができるかどうかは、非常に大きな差になります。説明文を読みながら、自分の実際の体験、過去の記憶などを映像として呼び出せないと、算数も理科も社会も、十分に納得して理解することができません。線分図や面積図などの公式だけで解こうとすると、じきに行き詰まってしまいます。

音読しながら情景を想像し文章を味わう経験が豊富にあると、黙読でもそれが当たり前のようにできるのです。

◎緩急や抑揚をつけた音読をすることによって、物語文の読解に大切な「心情理解力」が高まります

科学読み物、子供向け新聞も「音読」で!

一方の速音読は、新聞や説明的な科学読み物などの文章を読むときにおすすめです。速く正確に読むことで言語の処理能力を上げ、先の行を読む目の動きを鍛えます。

適当なものが見当たらなければ教科書を読んでもかまいませんが、いかにも勉強という雰囲気になるので、なるべく親子で興味のあるものを選んでください。

分量は5、6分で読めるもので十分。ただ、お母さんは子供の音読をちゃんと聞いてあげてください。読み終わったらひとことほめてあげましょう。また、内容についても「今日の話、面白かったね」「知らなかったよねー」などといって話を広げるようにします。一冊の本を何度かに分けて読むときは、「次はどうなるかな」と**聞くのを楽しみにしていることを子供に伝えてください。**

こうした習慣は、「おやつのあと」とか「寝る前」などと決めておくといいでしょう。週に数回はやってみてください。

中学年になったら、料理をしているときなどに、「お母さんに新聞を読んで聞かせて」と子供に音読を頼むのもいいかもしれません。

一般の新聞が難しければ、大手新聞各社（朝日、読売、毎日）が出している「小学生新聞」をおすすめします。内容もたいへん充実しており、ふりがながついているので音読にも最適です。記事は1行の文字数が少ないので読みやすく、4〜5行先まで目で追って読んでいくことができます。

ニュースだけでなく、毎日少しずつ読み進められる連載小説や、子供が興味を持ちやすい宇宙・自然・ロボット・乗り物などに関する記事も多いので、親子で楽しめます。最近、「ネットとテレビで十分だから」と新聞をとらないご家庭も増えましたが、親子で小学生新聞をとって読んでみてはいかがでしょう。音読用というだけでなく、知的好奇心の芽を育て、親子の話題を提供してくれ、楽しめる施設や子供向けのイベントの情報も載っています。また、小学生新聞の記事を書き写すという学習で書くことが好きになり、得意になったという例もあります。

あまり欲張りすぎることはありませんが、選択肢のひとつに入れてみてください。

もうひとつおすすめしたいのが「暗唱」です。単語の意味が正確にわからなくても、文章の調子やリズムが面白いものならなんでもかまいません。「平家物語」の冒頭や「論語」、李白や杜甫の五言絶句、百人一首、落語など、面白いものがたくさんあります。

百人一首の和歌の意味を正確に理解する必要はありません。なんとなく、雰囲気だけでもわかればそれでいいのです。落語も論語も同様です。子供は、かなり長いものでもすぐ覚えてしまいます。この点では、おそらく親はかなわないでしょう。ただ、これも課題にして押しつけるのではなく、**遊びの一環として一緒に楽しむのが一番いいです。**

リズムや字面、全体の雰囲気を体で覚えてしまう暗唱は、必ず将来役に立ちます。もっともっと、子供たちに暗唱の経験を増やしてあげてください。

◎説明文は速音読が効果的です。滑舌よく、ハッキリ発音することを心がけるようにしましょう

本好きなのに、なぜ国語が苦手になるのか？

こうした複合的な方法で段階を踏んでいくと、読解力や想像力、理解力などが育ち、語彙も増えていきます。低学年までは書かれている内容を理解し、情景を思い浮かべ、主人公の気持ちを理解し、自分なりの感想を持ちます。

やがて、1章で説明した「9歳の壁」を越えると、「別の人はどう感じるだろうか」と

いった視点を持てるようになります。そこに書かれている主人公の視点、描いている作家の視点、自身の視点、また別の読者の視点、といった複数の視点を同時に持てるようになると、高学年で作品が「テストの問題」として出題されたとき、問題をつくった人の視点や、解答として求められていることがなにかを理解できるようになるのです。

低学年のころは主人公になりきって本を読む子供が多いですが、ある段階でそれを卒業していくことが必要です。たとえば、低学年で童話ばかりを読んでいる子供の多くは、完全になりきり型で楽しみます。ただ、こうした読み方は「あらすじ」だけを追う読み方につながることがよくあり、「心情を理解する」「情景と心情をつなげて考える」「説明文章から情景を想像する」という少し時間のかかる、頭の中の作業を省きがちになるのです。ストーリーが面白いため、「次はどうなるんだろう」と、話の流ればかりを追う読み方になってしまいます。

「本は大好きなのに、なぜか国語の点数が悪いんです……」という相談を受けて、「普段どんな本を読んでいますか」と聞くと、たいてい「ストーリーのおもしろい物語が大好きです」という答えが返ってきます。

こうした本が悪いという意味ではなく、たくさん読み親しんだからといって、それが国語力につながるわけではないということです。**バランスよく、いろいろなものを読むように導いてください。**また、音読が効果的であることを強調しておきます。

「なにを読ませればいいかわからない」という親御さんは少なくありませんが、まずは親子で図書館に行きましょう。図書館には子供向けの読書情報もありますし、話題の本などをテーマ別にまとめたコーナーもあります。司書に相談すればアドバイスもしてくれるので、思う存分活用してください。

◎ストーリーだけを追うような読み方では、いくら本を読んでも読解力は身につきません

おすすめ書籍（幼児〜低学年向け）

『きせつの図鑑（小学館の子ども図鑑 プレNEO）』

（小学館・長谷川 康男［監修］）

¥3,024

中学受験に頻出の身近な動植物がたくさん掲載されています。でもそれを意識させずに、「この草は庭の雑草と同じだね」などと話して、子どもに興味を持たせてください。

『ポプラディア大図鑑ＷＯＮＤＡ（両生類・爬虫類）』

（ポプラ社・西川完途［監修］、森哲［監修］）

￥2,160

一見グロテスクな動物たちですが、大好きな子どもはいっぱいいます。グロテスクさの中にあるかわいさ、気味悪さの中の鮮やかさを見事にとらえた写真がいっぱいです。

『もっとくらべる図鑑（小学館の図鑑NEO＋）』

（小学館・加藤由子［編集］）

¥2,052

どちらがどのくらい大きいのか、小さいのか。算数の学習に大切な、大きさを比較する礎になる感覚を養います。差で大きさを比べること、割り算で比べることの初歩になります。

『なんでも！いっぱい！こども大図鑑』

（河出書房新社・ジュリー・フェリス［責任編集］、米村でんじろう［監修］）

¥1,927

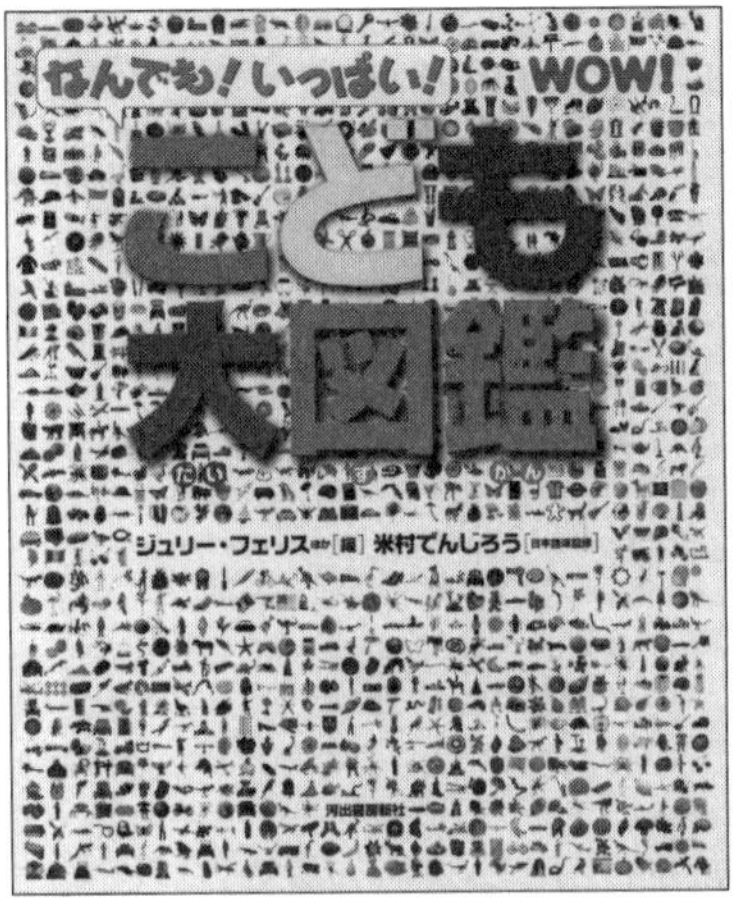

「自然」「ヒトのからだ」「科学と技術」「宇宙」「人びととくらし」「歴史」「芸術と文化」など、幅広い分野を網羅した図鑑。鮮明な写真が多く、見ているだけでも楽しい。

『時の迷路――恐竜時代から江戸時代まで』

（PHP研究所・香川元太郎）

¥1,404

各時代の楽しく詳細な風景の中に迷路が描かれています。迷路に迷えば迷うほど、多くのものを見ることができます。出口にたどり着くまでの過程を一緒に楽しむのもいいでしょう。

『齋藤孝のイッキによめる！名作選——小学1年生（新装版）』
（講談社・齋藤孝［編集］）

¥1,080

すべてが短編で、言葉のリズムが優れたものや情景を感じやすいものなど、とびきりの良文ばかりを掲載。読み聞かせからひとり読み、音読の練習まで、迷いなく選べる一冊です。

『一休さん』

（寺村輝夫のとんち話・むかし話シリーズ）

（あかね書房・寺村輝夫、ヒサクニヒコ［イラスト］）

¥1,080

日本の昔話のシリーズで、他にも『吉四六さん』『彦一さん』『てんぐのはなし』などがあります。どれを買って読んであげればいいのかと迷われている親御さんにイチ押し。

『はじめてのキャンプ』

（福音館書店・林明子）

¥1,296

読んであげるなら4歳くらいから、ひとり読みなら小学校1、2年生から。小さな女の子のワクワク、ドキドキ感が描かれています。豊富な挿絵を見せながら読んであげてください。

読んでおくと受験にも役立つおすすめ本

前項の「読書が大好きなのに国語の成績が悪い」というケースはとても多いです。テストの点数が悪くなるもうひとつの理由は、**子供が自発的に選ぶストーリーのおもしろさで人気の本からは試験問題が出題されない**からです。読書の「質」がまったく違うので、それまでの読書経験がほとんど役に立ちません。

読書は娯楽でもあり趣味でもあり、リラックスのための時間でもあります。勉強のためだけに読むものではないことはもちろんです。

ただ、「国語の点数」や「受験対策」を考えた場合、好きな読書だけでは役に立たない場合もあります。そういう場合は、子供に好きなものだけ選ばせるのではなく、テストに出題されるタイプのものもあわせて読むように促すといいでしょう。

「テストに出るから読んだほうがいい」などという必要はありません（というより、いわないほうがいいです)。せっかく楽しんでしている読書も、勉強だと思ったとたん嫌いになってしまいます。

「BOOK STAND」というウェブサイトの企画で「今、本当に小学生に読んでもらいたい本大賞」というものがあり、私も候補作を挙げました。塾講師、教育の専門家が選者になって大賞を決めるものですが、私が推薦したのは以下の6冊。小説を3冊、科学的な読み物を3冊としました。特に科学的な読み物というのは、なかなか子供が自発的に選ぶことはしません。でも、読み聞かせをしたり音読したりすると、親子でその面白さにきっと気づくはずです。

◎「考える力をつける本」「感じる力をつける本」
「知識を得るための本」を、それぞれたくさん読ませてください

おすすめ書籍（高学年向け）

『偶然の祝福』

（角川文庫・小川洋子）

¥514

小学校４年前後から読める短編集。どこにでもありそうな日常のなかで、偶然に起きた何気ないけど不思議な出来事が描かれる。特に「キリコさんの失敗」がおすすめ。

『冬のはなびら』

（文春文庫・伊集院静）

¥518

こちらも短編集。特に「雨上がり」がおすすめ。目先のテストや偏差値に追われる小学生にぜひ読んでほしい一冊。さまざまな仕事に取り組む主人公たちの心情を味わってほしい。

『ロング・ロング・アゴー』

（新潮文庫・重松清）

¥637

入学試験で定番の作家。本書の6編は「再会」をテーマにしている。平易な表現だが、子供でも情景をはっきりと思い描けることが入試問題に多く採用される理由だと思われる。

『ウナギ　大回遊の謎』

（ＰＨＰサイエンス・ワールド新書・塚本勝巳）

¥972

身近な食材でもあるウナギの謎を、ウナギ研究の第一人者が平易に書いている。研究者がどのように仮説を立て、それをどのように検証しようとしたかを読み取ってほしい。

『科学の考え方・学び方』

（岩波ジュニア新書・池内了）

¥886

「科学ってなんだろう」という疑問にやさしく答えてくれる。科学者の良心を感じ取るとともに、科学の深淵を垣間見ることができる。特に2章の「科学の考え方」は必読。

『昆虫はすごい』

（光文社新書・丸山宗利）

¥842

専門用語を極力避け平易な言葉を使っているため読みやすく、小学生にも十分理解できる。虫好き、虫嫌い、どちらにも必読の一冊。〝完全変態〟や〝不完全変態〟の話題も興味深い。

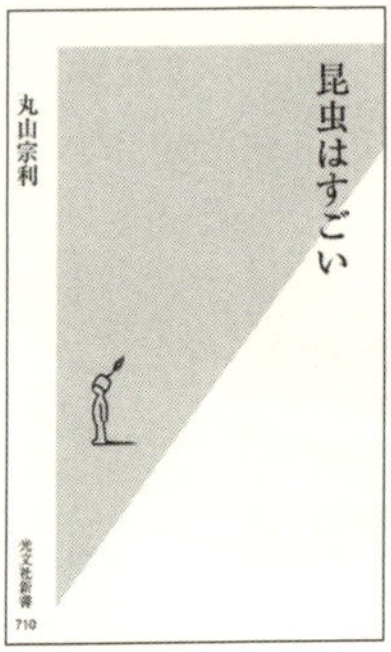

中学入試に頻出する書籍リスト

（2013〜2015年　日能研調べ）

1位

『農は過去と未来をつなぐ〜田んぼから考えたこと』

（岩波ジュニア新書・宇根豊）

¥907

2位

『小学五年生』

（文春文庫・重松清）

¥562

2位

『しずかな日々』

（講談社文庫・椰月美智子）

¥535

4位

『十二歳』

（講談社文庫・椰月美智子）

¥529

4位

『なつかしい時間』

（岩波新書・長田弘）

¥864

6位

『今ここにいるぼくらは』

（集英社文庫・川端裕人）

¥626

6位

『生態系は誰のため?』
（ちくまプリマー新書・花里孝幸）

¥842

6位

『リボン』（teens' best selections）
（ポプラ社・草野たき）

¥1,404

6位

『あと少し、もう少し』
（新潮文庫・瀬尾まいこ）

¥637

10位

『友だち幻想～人と人の〝つながり〟を考える』

（ちくまプリマー新書・菅野仁）

¥799

10位

『サッカーボーイズ 再会のグラウンド』

（角川文庫・はらだみずき）

¥555

10位

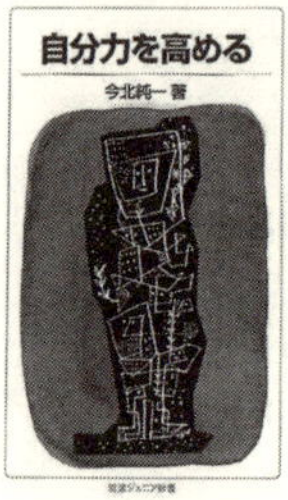

『自分力を高める』

（岩波ジュニア新書・今北純一）

¥842

10位

『ポニーテール』

（新潮文庫・重松清）

¥680

14位

『思考の整理学』

（ちくま文庫・外山滋比古）

¥562

14位

『おはようからおやすみまでの科学』

（ちくまプリマー新書・佐倉統、古田ゆかり）

¥842

14位

『いのちをはぐくむ農と食』
（岩波ジュニア新書・小泉武夫）

¥842

14位

『科学的とはどういう意味か』
（幻冬舎新書・森博嗣）

¥821

14位

『自転車冒険記――12歳の助走』
（河出書房新社・竹内真）

¥1,512

14位

『日本はなぜ世界でいちばん人気があるのか』

（PHP新書・竹田恒泰）

¥778

14位

『生物学的文明論』

（新潮新書・本川達雄）

¥799

14位

『はとの神様』

（集英社文庫・関口尚）

¥734

14位

『自分探しと楽しさについて』

（集英社新書・森博嗣）

¥756

14位

『くちびるに歌を』

（小学館文庫・中田永一）

¥669

中学入試でよく出る作者ランキング

（2013〜2015年　日能研調べ）

❶位　重松清

小学五年生／ポニーテール／きみの友だち／くちぶえ番長／日曜日の夕刊／僕たちのミシシッピ・リバー——季節風　夏／きみの町で／ウサギの日々／サンタ・エクスプレス——季節風　冬／ロング・ロング・アゴー／また次の春へ／星のかけら／希望の地図／まゆみのマーチ 自選短編集・女子編／ビタミンF／小さき者へ／せんせい。／季節風 春／卒業ホームラン 自選短編集・男子編

❷位　椰月美智子

しずかな日々／十二歳／ダリアの笑顔／るり姉／かっこうの親もずの子ども

❸位　外山滋比古

思考の整理学／ことわざの論理／傷のあるリンゴ／考えるとはどういうことか／「読み」の整理学／日本語の素顔／20歳からの人生の考え方／ちょっとした勉強のコツ／頭のよい子は「ことば」で育つ／ライフワークの思想

❹位　あさのあつこ

かんかん橋を渡ったら／あかね色の風／ラスト・イニング／あの日、君と　Girls／花や咲く咲く／一年四組の窓から／Team・HK／ガールズ・ブルー／12歳の文学／スパイクス

❺位　齋藤孝

からだ上手　こころ上手／読書力／子どもに伝えたい「三つの力」——生きる力を鍛える／齋藤孝のイッキによめる！名作選（1年生）／学問のすすめ現代語訳／使える！『徒然草』／スラムダンク友情論／新聞で学力を伸ばす　切り取る、書く、話す／「つぶやく」時代にあえて「叫ぶ」／「頭がいい」とは、文脈力である／スポーツマンガの身体

6位　小川洋子

最果てアーケード／ミーナの行進／海／偶然の祝福／街の物語／猫を抱いて象と泳ぐ／物語の役割

6位　森博嗣

自分探しと楽しさについて／科学的とはどういう意味か／人間はいろいろな問題についてどう考えていけば良いのか／自由をつくる　自在に生きる／創るセンス　工作の思考

8位　養老孟司

いちばん大事なこと／まともな人／ほんとうの環境問題／考えるヒト／解剖学教室へようこそ／からだを読む／こまった人

8位　森絵都

宇宙のみなしご／リズム／気分上々／異国のおじさんを伴う／アーモンド入りチョコレートのワルツ／永遠の出口／架空の球を追う

8位　瀬尾まいこ

あと少し、もう少し／戸村飯店青春100連発／僕の明日を照らして／卵の緒／幸福な食卓／天国はまだ遠く

13位　宇根豊

脳は過去と未来をつなぐ――田んぼから考えたこと

※ほかに、花里孝幸、長田弘、草野たき、河合隼雄、池内了、茂木健一郎、川端裕人、三浦しをん、朝井リョウ　など

著者紹介

西村則康　30年以上、難関中学・高校受験指導一筋のカリスマ家庭教師。日本初の「塾ソムリエ」としても活躍中。これまで開成中、麻布中、武蔵中、桜蔭中、女子学院中、雙葉中、灘中、洛南高附属中、東大寺学園中などの最難関校に2,500人以上を合格させてきた実績を持つ。テレビや教育雑誌、新聞でも積極的に情報発信を行っており、保護者の悩みに誠実に回答する姿勢から熱い支持を集めている。また、中学受験情報サイト『かしこい塾の使い方』は16万人のお母さんが参考にしている。

[中学受験《ちゅうがくじゅけん》]やってはいけない小《しょう》3までの親《おや》の習慣《しゅうかん》

2015年9月5日　第1刷

著　　者　西《にし》村《むら》則《のり》康《やす》
発 行 者　小澤源太郎

責任編集　株式会社　プライム涌光
電話　編集部　03(3203)2850

発 行 所　株式会社　青春出版社
東京都新宿区若松町12番1号　〒162-0056
振替番号　00190-7-98602
電話　営業部　03(3207)1916

印　刷　共同印刷　　製　本　大口製本

万一、落丁、乱丁がありました節は、お取りかえします。

ISBN978-4-413-03966-6 C0037